INTENSIV
STRETCHING
für Läufer

W0060868

Dr. med. Gerd Schnack

INTENSIV STRETCHING
für Läufer

**Mit praktischem
Gesundheitsbegleiter**

sportinform

Lektorat: Robert Fischer

Produktion und Layout:
VerlagsService Dr. Helmut Neuberger
& Karl Schaumann GmbH

Umschlaggestaltung: Uwe Richter
Titelfoto: Mauritius

Abbildungen Innenteil:
Oroveg S. L., Tenerife: S. 20 oben, 27
links/rechts, 34 unten links, 46, 52
links, 53 rechts, 54, 68, 69, 73, 91
oben, 99, 101 links/rechts, 103 (4),
104 rechts, 105 (2), 110, 112, 113;
Gesundheitsbegleiter Seite 14, 15, 16
Gerd Schnack, Reinbek: Seite 9
oben/unten, 11, 56 rechts
Staatliche Museen Preußischer
Kulturbesitz, Berlin: S. 124
SVEN SIMON, Essen: Seite 28, 53
links, 63, 71 rechts, 74, 104 links
Alle übrigen Fotos: HIGHLIGHT Meyer
im Hagen GmbH, Hamburg

Zeichnungen (nach Vorlagen des
Autors): Günter Wiesler

Der Autor

Dr. med. Gerd Schnack, Jahrgang
1934, chirurgische Facharztausbil-
dung in der Schweiz, Spezialisierung
Unfall-/Handchirurgie und Sportmedizin. Chirurgische Leitung Hospital-
schiff »Helgoland« im Vietnamkrieg.
Seit 1976 chirurgische Facharztpraxis
mit Schwerpunkt Handchirurgie,
Sportmedizin und Prävention. Leitung
sportmedizinischer Seminare im In-
und Ausland in Zusammenarbeit mit
Krankenkassen zur praktischen
Gestalung der Prävention am Arbeitsplatz. Dozent für Musikmedizin an der
Hochschule für Musik und Theater in
Hamburg. Dr. Schnack ist selbst
aktiver Läufer und Vorsitzender der
Vereinigung berglaufender Ärzte.

Die Deutsche Bibliothek –
CIP-Einheitsaufnahme
Schnack, Gerd:
Intensivstretching für Läufer :
mit praktischem Gesundheits-
begleiter / Gerd Schnack.
[Zeichn.: Günter Wiesler]. –
München : Sportinform, 1994
(Praxis-Ratgeber fit und gesund)
ISBN 3-8254-0453-6

Gesamtherstellung: Bruckmann, München
Printed in Germany
ISBN 3-8254-0453-6

Inhalt

Zu diesem Buch

Gesundheitsbegleiter

Die Qualität unserer Muskulatur

Laufen als typisches Ausdrucksmittel des Menschen ist entscheidend für die Aufrechterhaltung der Leistungsfähigkeit und Gesundheit bis ins hohe Alter.

Ein 40jähriger kann 20 Jahre lang 40 und ein 60jähriger 20 Jahre lang 60 bleiben, wenn er Bewegung mit Freude und ohne zu hohen Leistungsdruck umsetzt. Über ein permanentes Ausdauertraining können das gesamte Herz-Kreislaufsystem stabilisiert sowie Herzinfarkt und Schlaganfall vermieden werden.

Bei der hohen Belastung des Stütz- und Bewegungsapparates während des Laufens sind jedoch bestimmte Regeln zu erfüllen.
Die Qualität unserer Muskulatur steuert maßgeblich Art und Umfang unserer Gesamtbeweglichkeit. Der Muskelmotor reagiert auf Bewegung und Belastung äußerst variabel. Allgemein bekannt ist die schnelle Rückbildung nach einer Ruhigstellung und Immobilisation – ein 4-Wochen-Gips läßt die Muskulatur deutlich schrumpfen.

Ein intensives Trainingsprogramm bewirkt eine deutliche Leistungszunahme, die sich aber auch in einer Tendenz zur Verkürzung und Druckerhöhung niederschlägt. Erfährt die steuernde Muskel-Sehnenkette über ein hohes Lauftraining eine langanhaltende Verkürzung, so resultieren daraus zwei nachteilige Folgen:

- Abnahme des Bewegungsumfangs der Gelenke.
- Einschränkung des Stoffwechselaustausches und der Sauerstoffversorgung sowie Druck- und Spannungserhöhung im Verlauf der Muskel-Sehnenkette.

Eine permanente Behinderung der Stoffwechselsituation und des Sauerstoffnachschubs haben Funktionsstörungen und ebenso die Ausbildung von krankhaften Veränderungen zur Folge. Bis zur endgültigen Verletzung wird der Sportler auf die überforderte Muskel-Sehnenkette aufmerksam gemacht: wiederholte schmerzhafte Muskelverkürzungen und Zerrungen sind für jeden Läufer ein ernstzunehmendes Zeichen, daß ausgleichende Gegenmaßnahmen dringend eingeleitet werden müssen.

Streß und Reizüberflutung der modernen Welt haben bewirkt, daß viele es verlernt haben, warnende Körpersignale zu registrieren.
Die »Arbeitsplatte« unseres Gehirns als Zentral-Computer ist auf diese Weise häufig schon so belegt, daß die permanenten Signale der verkürzten Muskulatur nicht mehr wahrgenommen werden.

Zurück zu den natürlichen Körperausdrucksformen

Von der Tierwelt wird uns ein Körperverhalten signalisiert, das wir beachten sollten: Haustiere signalisieren ein Entspannungsverhalten und sind um ständigen Ausgleich bemüht.
Der Katzenbuckel ist nichts anderes als ein Spannungsausgleich des Tieres im Verlauf der überforderten Rückenmuskulatur *(Abbildung 1)*.
Das gleiche Körperverhalten kann man wiederholt bei Hunden feststellen, die ständig um Ausgleichsdehnung im Verlauf ihrer Laufmuskulatur bemüht sind *(Abbildung 2)*.

Abbildung 1: Der Katzenbuckel als Beispiel für die typische Entspannungsdehnung des Tieres gegen die überbelastete Rückenmuskulatur.

Abbildung 2: Wiederholte Dehnung der Laufmuskulatur zum Verkürzungsausgleich bei einem Hirtenhund.

Naturvölker und Bewohner des asiatischen Raumes weisen ein ähnliches Pausenverhalten auf, denn durch die wiederholte Umsetzung der tiefen Entspannungshocke sind sie um einen ständigen Ausgleich der überforderten Rücken- und Beinmuskulatur besorgt *(Abbildung 3).*

Durch unsere Anpassung an das moderne Zeitalter haben wir diese typische Körpersprache verlernt.

Sportmedizinische Erkenntnisse machen es dringend erforderlich, daß bei einer hohen Laufbelastung permanent auf einen Abbau von Spannungen und Verkürzungen im Verlauf der Muskulatur geachtet wird.

Die Intensivstretchingmethode bedeutet ein Zurück zu den natürlichen Körperausdrucksformen.

Ihre einfache Gestaltung bei geringem Zeitaufwand erlaubt eine ständige Umsetzung beim Sport, in der Freizeit und während der Arbeit.

Intensivstretching bedeutet, daß nicht nur einmal pro Tag der Muskel- und Gelenkausgleich betrieben wird, sondern im Zweistundenrhythmus unter Berücksichtigung der Gelenkeinheiten, die bevorzugt mit krankhaften Veränderungen aufwarten.

Leben ist Bewegung – Bewegung ist Leben

Stretching, lokal und zeitlich richtig gestaltet, gewährleistet die Aufrechterhaltung unserer Bewegungsfähigkeit bis ins hohe Alter. In dieser Entwicklung ist es von entscheidender Bedeutung, daß in jedem Stadium unseres Lebens eine optimale Koordination, gekoppelt mit einer freien Gelenkbeweglichkeit, vorliegt – denn nur elastische Gelenke sind in der Lage, zum Beispiel bei Unfallvorgängen ausgleichend wirken zu können.

Intensivstretching gewährleistet Elastizität bis ins hohe Alter und hilft Unfälle verhüten.

**Abbildung 3: Über die tiefe Arbeits- und Entspannungshocke
wird ein permanenter Dehnungsausgleich im Verlauf der
Rückenmuskulatur und der Achillessehnen erreicht.**

Streß kann uns zermürben, speziell in negativer Form, und
diese nachteilige Wirkung ist wesentlich auf eine Zunahme
der Körperspannung zurückzuführen. Über Intensivstretching läßt sich die streßbedingte Spannung problemlos abbauen; die tiefe Entspannungshocke ermöglicht gleichzeitig

eine Konzentration um den Körpermittelpunkt. Man ist in der Lage, sich kurzzeitig von der Umwelt abzuschotten, und bei gleichzeitiger positiver Aktivierung »innerer Bilder« wird neben der körperlichen auch eine psychische Erbauung ermöglicht: eine *positive Visualisierung*.

Intensivstretching hilft psychischen und körperlichen Streß schnell und problemlos abzubauen.

Der Sportler ist nun in der Lage, ständig um einen körperlichen Ausgleich bemüht zu sein – und zwar eigenverantwortlich, ohne Steuerung von außen. Somit trägt er wesentlich dazu bei, daß Funktionsstörungen und Krankheiten vermieden werden können.

Die zehn Vorteile der Intensivstretchingmethode

1. Geringer Zeitaufwand.
2. Problemlose Umsetzung beim Sport, in der Freizeit und während der Arbeit.
3. Leichte Erlernbarkeit.
4. In jeder Kleidung auszuüben, ohne Kraft, ohne Schweiß.
5. Selbst in kleinsten Räumen umsetzbar, aufgrund *kontrollierter* Bewegungen.
6. In der Gruppe und im Einzelprogramm durchführbar.
7. Schnelle Leistungsverbesserung über Stabilisation der Nährstoff- und Sauerstoffversorgung.
8. Gewährleistung von Elastizität und Bewegung bis ins hohe Alter.
9. Bester Schutz gegen Unfälle durch Verbesserung der Koordination und Beweglichkeit.
10. Wiederholter und schneller Streßabbau.

Intensivstretching, kombiniert mit gezielter Ausgleichsgymnastik und einem permanenten Ausdauertraining, gewährleistet bis ins hohe Alter Fitneß, Elastizität und Gesundheit.

Kapitel 2
Die typische Trainingsreaktion der Laufmuskulatur

2

Auf die stereotype Laufbelastung reagiert die quergestreifte Muskulatur mit Verkürzung und Verhärtung.
Diese sekundäre Spannungszunahme im Verlauf der steuernden Muskel-Sehnenkette erschwert die arterielle Blutversorgung speziell im Sehnenanteil, da die Spannungsdifferenz von seiten der terminalen (das heißt endständigen)
arteriellen Blutversorgung zur arbeitenden Zelle nur schwer
überwunden werden kann. Betroffen werden in diesem
Kreislauf Zellformationen, die am Ende dieser arteriellen
Blutbahn liegen und ohnehin ständig einer Sauerstoffunterversorgung ausgesetzt sind. In der Medizin spricht man vom
bradytrophen Gewebe und benennt damit Sehnenstrukturen, deren Stoffwechselaustausch vorwiegend über Diffusi-
on gesteuert wird. Ihre arterielle Blutversorgung ist unvoll-
kommen, bei unzureichendem Nachschub an Nährstoffen
und Sauerstoff – eine typische extreme »Berghüttensituation« mit dem Risiko eines lückenhaften Nachschubs.

> Die kraftübertragenden Sehnen sind schon ohne Trai-
> ningsverkürzung im Ruhezustand permanent einer arteri-
> ellen Unterversorgung mit Sauerstoffstreß ausgesetzt: der
> sogenannten extremen Berghüttensituation.

Versorgungskrisen der kraftübertragenden Sehnen

Eine zusätzliche Spannungsverkürzung im Verlauf der Muskel-Sehnenkette führt zwangsläufig zu Krisensituationen,

weil die ohnehin eingeschränkte Sauerstoffversorgung weitere Einbußen hinnehmen muß.

> Die Versorgungskrisen der kraftübertragenden Sehnen laufen nach folgendem Schema ab:
> • Verkürzung und Volumenzunahme mit Leistungseinbuße
> • Zerrung mit schmerzhafter Funktionseinschränkung
> • Völlige Insuffizienz als Ausdruck der Rißbildung

Diese Entwicklung vollzieht sich im Verlauf der Muskel-Sehnenkette über Verkürzung und Spannungszunahme mit Ausbildung einer regionalen arteriellen Unterversorgung. Der hohe Spannungsaufbau schafft somit speziell im Sehnenverlauf ein zusätzliches Hindernis in der ohnehin unvollkommenen arteriellen Versorgung; die zu hohe Spannungsdifferenz zwischen arterieller Blutbahn und Sehnengewebe führt zur Reduktion der Sauerstoffversorgung.

Die Versorgungskrise wird noch weiter dramatisiert, weil die verkürzte Sehne durch den Spannungsaufbau für ihren Stoffwechsel mehr Energie benötigt, wobei aber die regionale arterielle Grundversorgung diesen vermehrten Energiebedarf nicht ausgleichen kann. In der Medizin wird der Zustand mit *relativer Hypoxie* umschrieben.

Spannungsabbau und Verkürzungsausgleich

Diese grundlegende Versorgungskrise im Verlauf der Muskel-Sehnenkette kann nur dann unterbrochen werden, wenn es gelingt, durch Spannungsabbau und Verkürzungsausgleich die arterielle Versorgung sowie das lebensnotwendige Sauerstoffangebot zu verbessern. Eine Umkehr der Trainingswirkung (Spannung und Verkürzung) kann über wiederholte und gezielte Dehnung erreicht werden.

> Die Trainingsverkürzung im Verlauf der Muskel-Sehnenkette »schreit« als Folge der Sauerstoffnot nach Aus-

gleich, der über die gezielte und wiederholte Dehnung ermöglicht wird.

Bleibt der Druck- und Längenausgleich durch die Dehnung
aus, so droht speziell im Sehnenverlauf der chronische Sauerstoffmangel, der über wiederholte Zerrungen in einer Rißbildung enden kann. Die Ursache des chronischen Sauerstoffmangels liegt in der langsamen Zerstörung des Sehnen-
gewebes, wobei die Schädigungen bevorzugt die Sehnen-
zellen (Fibrozyten) betreffen.

Das mikroskopische Bild ist gekennzeichnet durch Auftrei-
bungen des Membransystems bis hin zu ihrer weitgehenden
Reduzierung. Flüssigkeitsansammlungen lockern das begleitende Bindegewebe auf und führen durch Verquellung
der Grundsubstanz über die typische Oedemphase zur Kali-
berzunahme des Sehnenquerschnittes.

Beim chronologischen Fortschreiten dieses Prozesses wür-
de die Sehne dem Leistungsanspruch schon in kurzer Zeit
nicht mehr gerecht werden können. Daher schaltet der
Organismus rechtzeitig reparative Gegenmaßnahmen mit
der Ausbildung von jugendlichen Zellen (Fibroblasten) ein,
die vorzeitig auf den Arbeitsplan gerufen werden, obwohl ihr
Ausreifungsprozeß noch nicht abgeschlossen ist. In der
Spätphase der Degeneration erscheinen über eine Reduzierung der Mukopolysaccharide, die gewöhnlich als Kalkfänger
wirken, Calcium und Phosphat durch die alkalische pH-Ver-
schiebung, und dieses spätere Resultat der Verformung
kann röntgenologisch leicht am Knochenansatz der Sehne
erfaßt werden (Abbildung 4).

Diese feingeweblichen Reaktionen der Sehnenketten als Folge der chronischen Durchblutungs- und Ernährungsstörung
setzen einen Aufbau von Zellstrukturen in Gang, die den
chronischen Sauerstoffmangel besser ausgleichen können,
und Mineralstoffe in Form von Kalk treten auf den Plan.

Der Organismus reagiert genial auf den chronischen Sauerstoffmangel durch die Anhäufung von Zellstrukturen,
die Sauerstoffnot besser tolerieren können.

Es darf jedoch nicht verkannt werden, daß die chronischen Zell- und Gewebsveränderungen der verkürzten Leistungssehnen zu einer langsamen Materialermüdung führen. Bis zur endgültigen Ruptur sendet die geplagte Sehne allerdings Warnsignale aus. Dabei handelt es sich um Reaktionsformen, die unvorbereitet und ohne eigentliche Fehlgängigkeit die Muskel-Sehnenkette durch Ausbildung von Zerrungen treffen. Werden diese Warnzeichen überhört, und folgen nicht direkt ursächliche Gegenmaßnahmen durch einen kontrollierten Spannungsausgleich über die wiederholte und gezielte Dehnung, so ist vielfach die Insuffizienz mit Ausbildung einer Ruptur die direkte Folge.

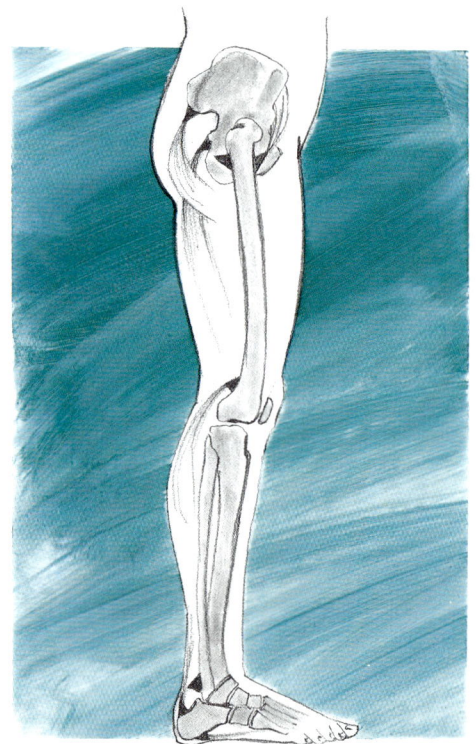

Abbildung 4: Knochenspornbildungen im Ansatzbereich von Sehnen als Ausdruck fortgeschrittener Degeneration.

16

Muskel- und Sehnenzerrungen sind Reaktionen eines überforderten und verkürzten Leistungsmotors. Sie treten wiederholt während koordinierter Bewegungsvorgänge auf, ohne Hinzutreten einer äußeren Fehlgängigkeit, und signalisieren die chronische Sauerstoffnot.

2

Zerrungen und Rupturen können auch die Muskulatur isoliert betreffen, in der verkürzten Muskulatur sind die Komplikationen jedoch wegen der besseren Durchblutung geringer. Die Rißstellen verheilen nach vier bis sechs Wochen narbig, und das sekundäre Narbengewebe beeinträchtigt lediglich das spätere Elastizitätsverhalten des Muskels.

Kapitel 3
Lokalisation von Problemzonen
beim Läufer

Problemzone Becken und Wirbelsäule:
die Bedeutung von »Mister I«

Eine zentrale Bedeutung beim Laufen muß dem Hüft-Len-denmuskel *(M. ileopsoas)* zugerechnet werden, da er we-sentlich das Anheben des Oberschenkels beim Laufvorgang steuert. Die geheimnisvolle Bezeichnung »Mister I« wird ihm durchaus gerecht, weil er durch seinen Verlauf im Becken nicht äußerlich in Erscheinung tritt und sich der direkten Kontrolle entzieht *(Abbildung 5).*

In der notwendigen Hüftgelenkbeugung des Oberschenkels beim Laufen ist neben dem *M. ileopsoas* auch der zweige-lenkige *M. rectus femoris* (mittlerer Oberschenkelstrecker) beteiligt, wobei letzterer durch seinen Muskelaufbau ein we-sentlich geringeres Potential im Vergleich zum Hüft-Lenden-muskel ausweist. Das Muskelprofil der Oberschenkelstreck-seite eines Langstreckenläufers wird allerdings wesentlich durch den *M. rectus femoris* geprägt; »Mister I« verbirgt sich im Becken diskret im Hintergrund *(Abbildung 6).*

Die Trainingswirkung auf unseren wichtigsten Laufmuskel »Mister I«, läßt sich nur indirekt über Flexibilitätstests nach-weisen. In diesem Zusammenhang spielt die Winkelstellung im Hüftgelenk bei maximaler Streckung des Oberschenkels eine große Rolle. Intensives Ausdauertraining führt zwangs-läufig zu einer Verkürzung des *M. ileopsoas*: Die Verkür-zungswirkung zeigt die typische Streckbehinderung des Hüftgelenkes in Rückenlage, wobei eine Stabilisation des Beckens mit dem maximal gebeugten Bein der Gegenseite vorgenommen wird *(Abbildung 7).*

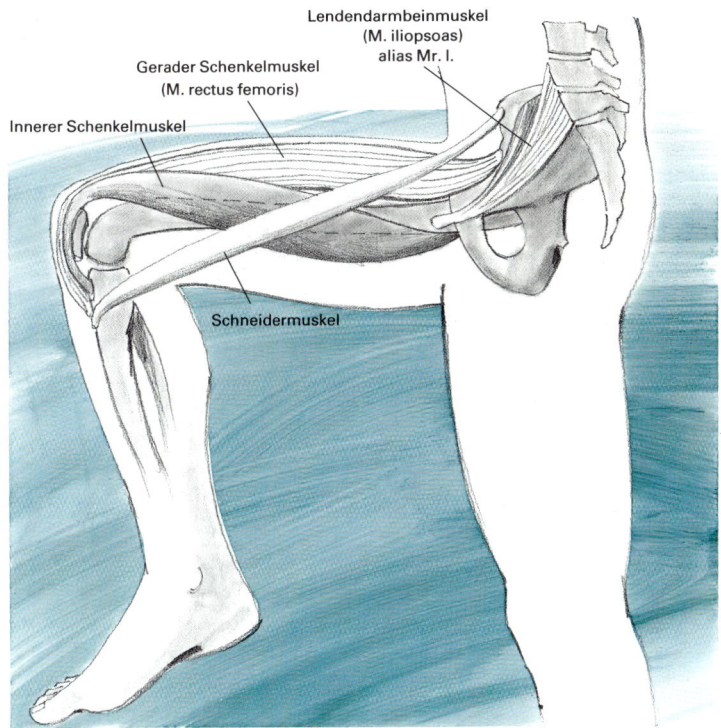

Lendendarmbeinmuskel
(M. iliopsoas)
alias Mr. I.

Gerader Schenkelmuskel
(M. rectus femoris)

Innerer Schenkelmuskel

Schneidermuskel

3

Abbildung 5: Der Verlauf der Hüftbeugemuskeln (M. ileopsoas und M. rectus femoris), wichtige Antriebsmotoren beim Laufen.

In Rückenlage und bei fixiertem Becken wird über dieses Vorgehen die schädliche Kippstellung des Beckens mit Rotationswirkung nach vorne vermieden. Im Stehen ist diese Stabilisation nicht möglich, so daß sich die Verkürzungswirkung des *M. ileopsoas* voll auf das Becken und die Wirbelsäule auswirken muß. Durch seinen anatomischen Verlauf mit Ursprung Beckenschaufel und Lendenwirbelkörper I bis IV sowie Ansatz am *Trockander minor* (kleiner Rollhügel) am Oberschenkel liegt beim Stehen das Punktum mobile an der Innenfläche des Darmbeines und im lumbalen Bereich der Wirbelsäule. Ein durch hohes Lauftraining verkürzter »Mister I« wird somit zu einer chronischen Hohlkreuzbildung (Lordose) und zu einer Beckenkippung nach vorne führen *(Abbildung 8)*.

Abbildung 6: Die steuernde Oberschenkelstreckmuskulatur bestimmt das Muskelrelief des Läufers.

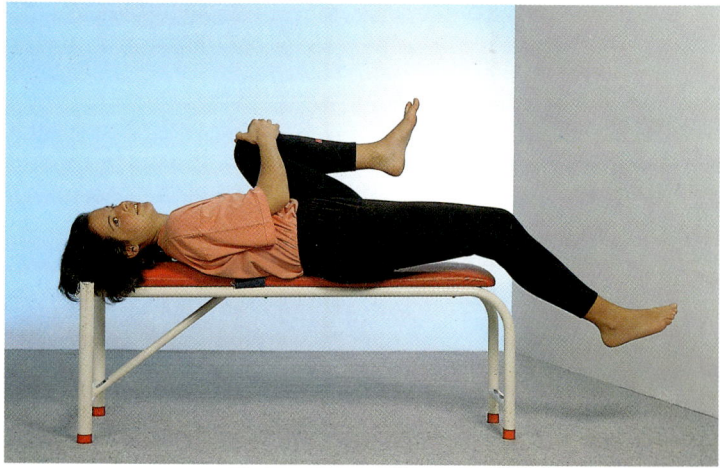

Abbildung 7: Über das hochgezogene Bein wird das Becken
auf der Unterlage fixiert. Der verkürzte Misterl (M. ileopsoas)
imponiert durch Streckbehinderung des Beines im Hüftgelenk,
das Knie schwebt über der Unterlage.

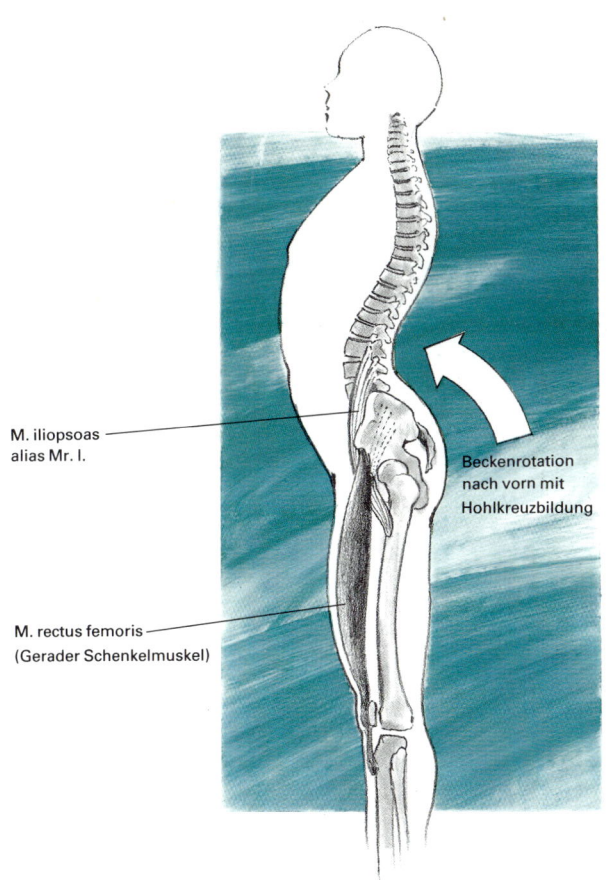

M. iliopsoas
alias Mr. I.

Beckenrotation
nach vorn mit
Hohlkreuzbildung

M. rectus femoris
(Gerader Schenkelmuskel)

3

Abbildung 8: Eine verkürzte Laufmuskulatur bewirkt im Stehen eine Rotation des Beckens nach vorne sowie eine sekundäre Hohlkreuzbildung (Lordose).

Die verstärkte Beckenrotation nach vorne mit Hohlkreuzbildung der Wirbelsäule muß zwangsläufig zu einer chronischen Druckerhöhung der unteren Bandscheibenräume führen, weil eine gleichmäßige Lastverteilung über den äußeren Bandscheibenfaserring nicht mehr gewährleistet ist. *(Abbildung 9)*.

Das intensive Lauftraining hat unweigerlich eine Verkürzung des *M. ileopsoas* zur Folge, da die wiederholte Hüft-

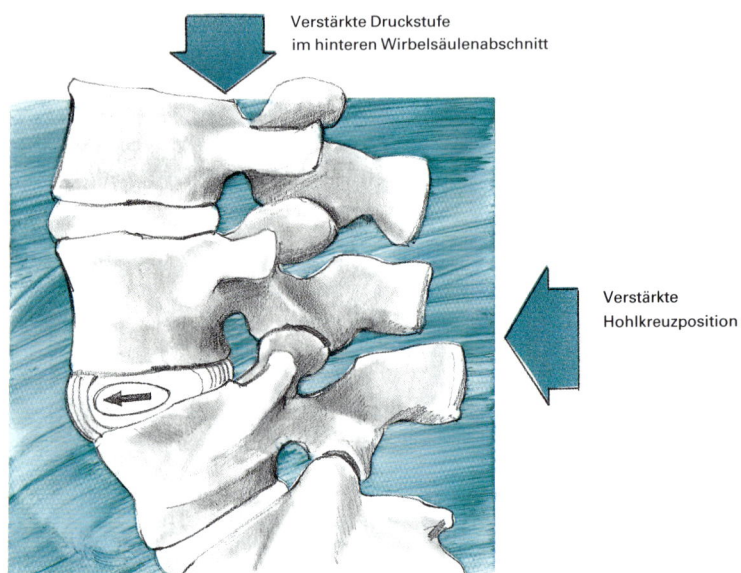

Verstärkte Druckstufe
im hinteren Wirbelsäulenabschnitt

Verstärkte
Hohlkreuzposition

Abbildung 9: Das verstärkte Hohlkreuz schließt über eine Drucksteigerung der Bandscheibe die Gefahr der chronischen Schädigung mit ein.

beugung die Leistungsverkürzung dieses Muskelabschnittes bewirkt. Über den gezielten Flexibilitätstest kann die Verkürzungswirkung dieses »Mister I« leicht nachgewiesen werden: Jeder Läufer ist gut beraten, sein intensives Lauftraining über die wiederholte und gezielte Dehnung dieses Muskelabschnittes auszugleichen.

Interessant ist in diesem Zusammenhang ein Vergleich mit der Tierwelt, denn beim Hasen ist der »Mister I« extrem stark ausgebildet und verantwortlich für die schnelle Gangart des Tieres (sogenannter Fluchtmuskel; *Abbildung 10*).
Häufig wird bei Läufern ein Beckenschiefstand beobachtet, der wiederholt zu Rückenbeschwerden führen kann.
Relativ selten ist ein solcher Beckenschiefstand allerdings die Folge ungleichlanger Beine (Fehlstellung nach Frakturen ausgenommen).
Wiederholte Ursache des Beckenschiefstandes ist dagegen

3

Abbildung 10: Der schnelle Fluchtmuskel des Hasen hat jedoch keine Chance gegen die List und Tücke des Igels beim Wettlauf.

die Blockierung eines Kreuz-Darmbeingelenkes. Ziel jeder ursächlichen Therapie sollte es daher sein, die Fehlstellung zu beseitigen. Ein einseitiger Höhenausgleich (über das Schuhwerk) der relativen Beinverkürzung kann das Grundproblem nicht beseitigen. Im Gegenteil: Die Fehlstellung des Beckens wird dadurch eher verstärkt, denn es liegt in der Tat keine absolute Beinverkürzung vor. Bleibt die Beckenasymmetrie erhalten, so droht wegen der Fehlbelastung eine vorzeitige Bandscheibendegeneration, häufig kombiniert mit einer medialen Meniskusdegeneration.

Die Situation kann mit einem Auto verglichen werden, bei dem das asymmetrische Chassis zur einseitigen Reifenabnutzung führt.

Eine symmetrische Beckenstellung kann über die Reposition des einseitig blockierten Kreuz-Darmbeingelen-

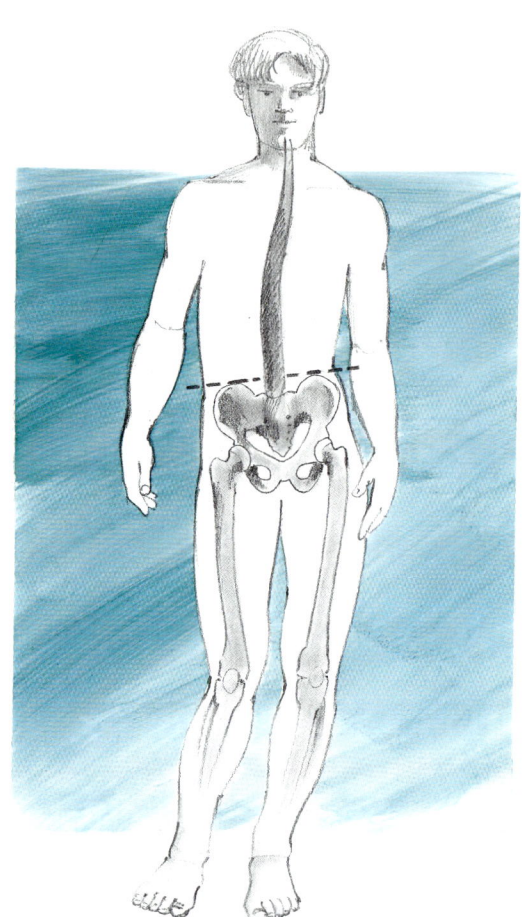

Abbildung 11: Beckentiefstand rechts durch Blockade rechtes Kreuz-Darmbeingelenk bei gleich langen Beinen.

kes erreicht werden *(Abbildung 11)*. Vier Möglichkeiten bieten sich an:

• Deblockade des tiefstehenden Kreuz-Darmbeingelenkes.

In Rückenlage erfolgt das maximale Heranziehen des Kniegelenkes zur Brustwand *(Abbildung 12)*; anschließend eine Außenrotation des Beines im Hüftgelenk mit Abschlußstreckung *(Abbildung 13)*.

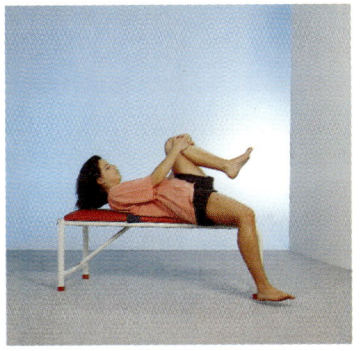

Abbildung 12 (links): Maximaler Zug des Kniegelenkes gegen die Brustwand. – Abbildung 13 (rechts): Extreme Außenrotation des gesamten Beines im Hüftgelenk mit Handdruck von der Innenseite und gleichzeitige Beinstreckung.

3

- Kräftigung der gesamten Rumpf- und Beckenmuskulatur unter Berücksichtigung der spinalen Rückenmuskulatur, der Bauchmuskulatur und der Gesäßmuskulatur.
- Betont symmetrische Becken- und Beinbelastung, Vermeidung einseitiger Beinbelastungen. Nur im Sitzen Hose, Strümpfe, Schuhe anziehen *(Abbildung 14)*.
- Vermeiden Sie seitliche Druck- und Scherkräfte auf das Becken: Stehen Sie rückenschonend auf *(Abbildung 15)*.

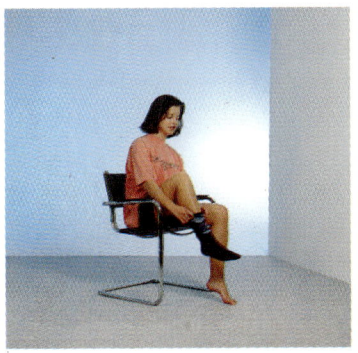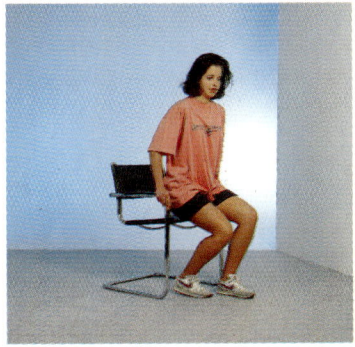

Abbildung 14 (links): Schuhe und Strümpfe im Sitzen anziehen und den Fuß der Wirbelsäule entgegenführen. – Abbildung 15 (rechts): Mit geradem Rücken und Armunterstützung aufstehen; die Füße stehen in Höhe des vorderen Sitzrandes.

Für die Becken- und Wirbelsäulenstellung wesentlich mit verantwortlich ist neben unserem »Misterl« die Gesäßmuskulatur, da sie durch ihren Verlauf an der Aufrichtung des Beckens mitwirken kann *(Abbildung 16)*.

Die muskuläre Dysbalance des Beckens ist gekennzeichnet durch die Verkürzung des *M. ileopsoas* (»Misterl«) und durch eine Abschwächung der gesamten Glutaealmuskulatur. Die langfristige Beckenkippung als Folge dieser Dysbalance führt häufig zur Reizung im Ansatzbereich der Glutaealmus-

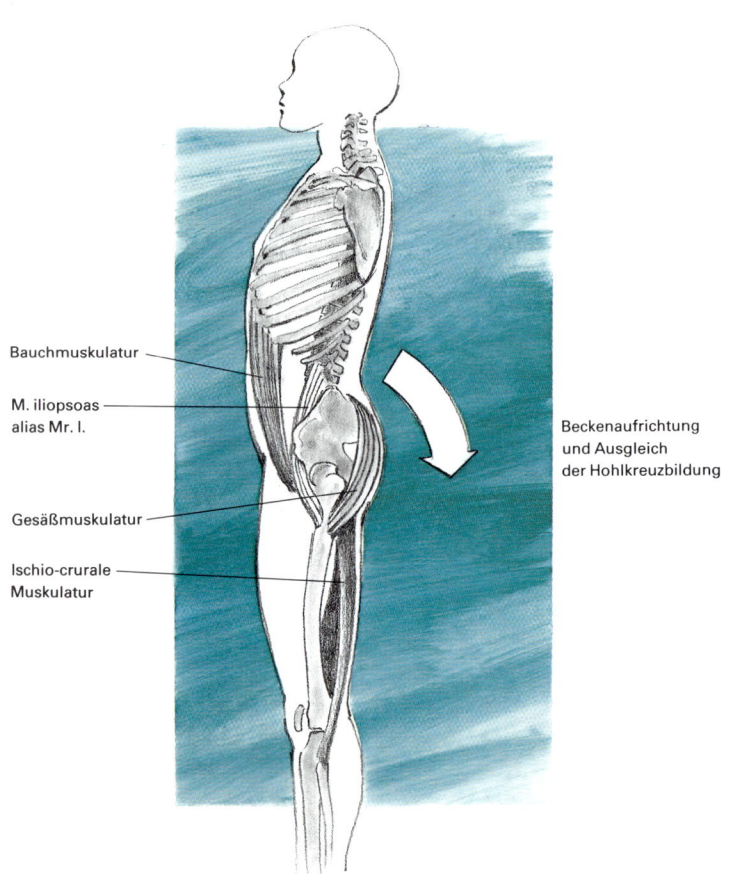

Bauchmuskulatur

M. iliopsoas
alias Mr. I.

Beckenaufrichtung
und Ausgleich
der Hohlkreuzbildung

Gesäßmuskulatur

Ischio-crurale
Muskulatur

Abbildung 16: Neben der Bauch- und Ischiocruralmuskulatur richtet vor allem die starke Gesäßmuskulatur das Becken auf und wirkt gegen die Hohlkreuzbildung.

Abbildung 17 a und b: Beim Berg- und Treppenlaufen wird der Gesäßmuskel (Treppensteigermuskel) mit positiver Wirkung auf die Becken- und Wirbelsäulenstellung trainiert.

kulatur am *Trochander major* (großer Rollhügel), und im Erkrankungsfall spricht man von einer lokalen Entzündung am Sehnenansatz *(Insertionstendopathie)*.

Eine grundlegende Behandlung dieser Fehlentwicklung ist bevorzugt über die gezielte und wiederholte Dehnung des »Mister I« sowie über eine gleichzeitige Aktivierung der Glutaealmuskulatur möglich. Die Gesäßmuskulatur wird gefordert beim Lauf auf coupiertem Gelände, beim Berglaufen und beim Treppensteigen (sogenannter Treppensteigermuskel). Eine Stärkung dieses Muskelabschnitts wird somit über vermehrte Bergläufe, über Bergsteigen und wiederholtes Treppensteigen erreicht.

Intensives Lauftraining sollte somit durch wiederholte Bergläufe ausgeglichen werden *(Abbildung 17 a und b)*. Für Städter besteht die Möglichkeit eines Ausgleichstrainings im Treppenhaus eines Hochhauses (Vierzehntagerhythmus).

Ausgleich der häufigen Beckendysbalance bei Läufern:
- Wiederholte und gezielte Dehnung von »Mister I«.
- Stärkung der Gesäßmuskulatur über Bergläufe und Treppensteigen.

Einseitige Verkürzungen werden auch an der rückseitigen Oberschenkelmuskulatur *(ischiocrurale Muskulatur)* beobachtet. Betroffen sind vorwiegend Sprinter, weil der eigentliche Antriebsmotor der schnellen Gangart in diesem Muskelabschnitt zu suchen ist.

Die Verkürzung der ischiocruralen Muskulatur kann aber nicht entscheidend die schädliche Kippstellung des Beckens verursachen, weil dieser Muskelabschnitt zentraler am Becken ansetzt, so daß ein langer Hebelarm zur wirksamen Rotationsverschiebung des Beckens fehlt. Die Hebelsituation der Hüft-Lendenmuskel und der Gesäßmus-

Abbildung 18: Im Sprint erfolgt der Hauptantrieb des Körpers aus der Gesäßmuskulatur und der rückwärtigen Oberschenkelmuskulatur.

kulatur ist wesentlich besser; hieraus resultiert ihr hoher Stellenwert auf den Einstellwinkel des Beckens *(Abbildungen 18, 19)*.

Die schädliche Beckenrotation nach vorn ist automatisch mit einer Hohlkreuzbildung verbunden. Zwei weitere Muskelpaare beeinflussen diesen Prozeß negativ. Die Bauchmuskulatur ist häufig zu schwach und sollte verstärkt, die untere Rückenmuskulatur ist zu kurz und sollte gedehnt werden.

3

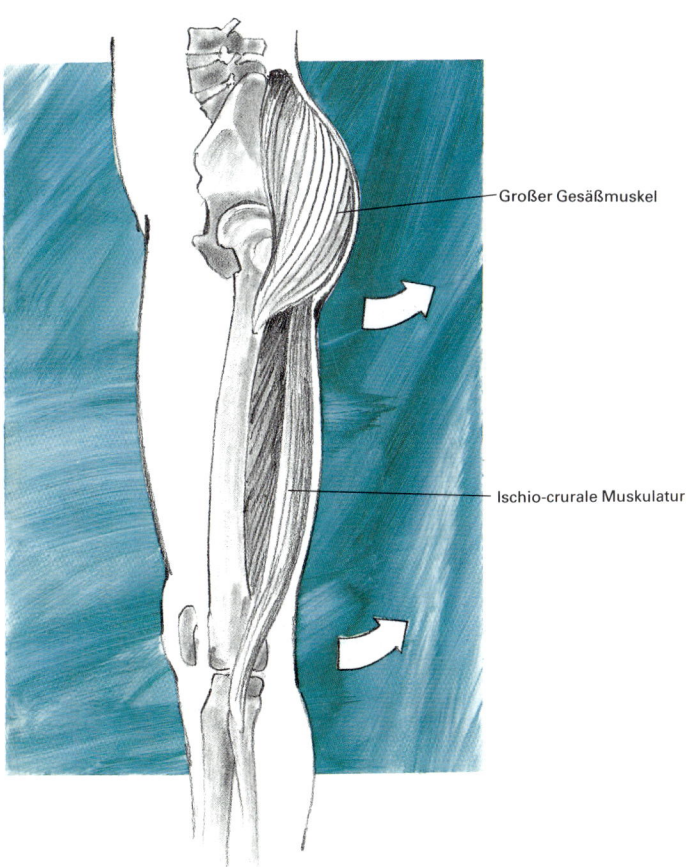

Großer Gesäßmuskel

Ischio-crurale Muskulatur

Abbildung 19: Die Gesäßmuskulatur und die ischiocrurale Muskulatur sind wesentlich an der Hüftstreckung beteiligt.

29

Ausgleichstraining gegen Hohlkreuzbildung

Die positive Wirkung des Laufens kann in Frage gestellt werden, wenn es durch den Verzicht kompensierender Ausgleichsübungen zu einer schädlichen Hohlkreuzbildung kommen sollte. Die verstärkte Abschwingung der Wirbelsäule nach vorne *(Lordose)* schließt eine chronische Verformung der Bandscheiben im unteren Anteil der Wirbelsäule mit ein, in der Folge besteht die Gefahr der Ausbildung eines Bandscheibenvorfalles durch konstante Druckerhöhung.

Jeder längere Laufvorgang ist geprägt durch die einseitige Belastung der Hüft-Lendenmuskeln, die in einem permanenten Wechselrhythmus das rechte und das linke Bein gegen die Schwerkraft der Erde anheben müssen, wodurch zwangsläufig eine gewaltige Hubleistung bedingt ist. Diese hohe Arbeitsleistung ist verbunden mit einer ständigen Verkürzungstendenz des Hüft-Lendenmuskels (»Mister I«) und führt zu einer Streckbehinderung in den Hüftgelenken. Werden nun beide Hüftgelenke im Stehen in Streckstellung gebracht, so bewirkt der verkürzte »Mister I« eine Hohlkreuzbildung mit Rotation des Beckens nach vorn. Dabei muß man den Verlauf dieses Hüft-Lendenmuskels beachten, der praktisch aus zwei großen Bündeln zusammengesetzt ist: Der *M. psoas* entspringt vom zwölften Brust- und vom ersten bis vierten Lendenwirbel, der *M. iliacus* kommt von der Innenseite der Darmbeinschaufel und vom vorderen unteren Darmbeinstachel. Die beiden kräftigen Muskelzügel vereinigen sich auf Höhe des Hüftgelenkes und setzen gemeinsam am kleinen Rollhügel des Oberschenkelknochens an *(Abbildung 20)*.

Diese Verlaufsrichtung erklärt die günstige Hebelsituation dieses Beckenmuskels bei der Beugung des Hüftgelenkes. Bei einer intensiven Laufleistung kommt es daher zu einer Verkürzung im Verlauf der beiden Zügel dieses kräftigen Laufmuskels. Wird jedoch die Verkürzungstendenz nicht durch wiederholte und gezielte Dehnung ausgeglichen, so muß es unweigerlich zu einer Streckbehinderung im Hüftgelenk sowie zur Tendenz der Hohlkreuzbildung und Rotationsneigung des Beckens nach vorne kommen.

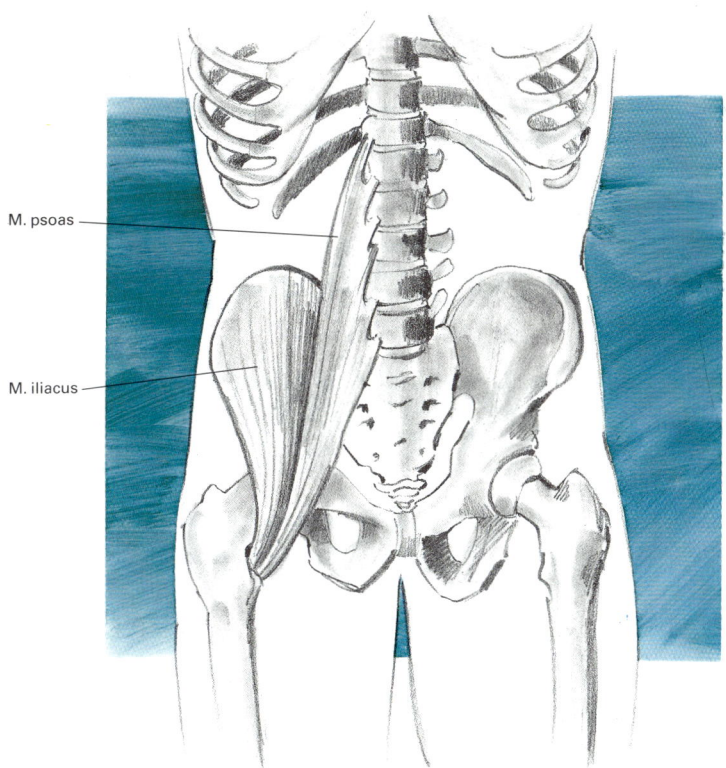

M. psoas

M. iliacus

Abbildung 20: Der Hüft-Lendenmuskel im Becken setzt sich zusammen aus dem M. psoas und M. iliacus.

Permanente Kontrolle der Hüft-Lendenmuskeln

Jeder Läufer ist auf alle Fälle gut beraten, beide Hüft-Lendenmuskeln als wichtige Laufmuskeln permanent zu kontrollieren.

Über gezielte Flexibilitätstests läßt sich der Verkürzungszustand des *M. ileopsoas* gut verfolgen, wenn in Rückenlage mit dem Bein der Gegenseite das Becken fixiert und am gestreckten Bein die Winkelposition des Hüftgelenkes festgelegt wird *(Abbildung 21).*

In gleicher Position verläuft die gezielte Dehnung des »Mister I« *(M. ileopsoas)*, wobei beachtenswert ist, daß durch die maximale Beugung des Beines der Gegenseite eine Abschwingung des Beckens nach vorne vermieden wird.

In dieser Position erfolgt dann die vorsichtige Streckung des Hüftgelenkes über den Handzug vom Fußrücken *(Abbildung 22)*.

Nur über diese Dehnungsposition ist es möglich, auf eine gezielte Verlängerung des Hüft-Lendenmuskels hinwirken zu können.

In der täglichen Praxis der Laufszene muß jedoch festgestellt werden, daß fast alle Dehnungspositionen des *M. ileopsoas* wirkungslos sind, weil sie in der Regel die ungünstige Beckenrotation nach vorne nicht ausschalten können *(Abbildung 23)*.

Verlängerung der Rückenmuskulatur

Ein zweiter Muskelabschnitt trägt durch Verkürzung wesentlich zur Hohlkreuzbildung bei: die untere Rückenmuskulatur in Höhe der Lendenwirbelsäule. Die Verlängerung der Rückenmuskulatur ist permanent zu beachten und sollte bereits als Startdehnung am Morgen erfolgen *(Abbildungen 24/25)*.

Im Laufe des Tages kann dann die wirksame Dehnung der Rückenmuskulatur über jeweils sieben Sekunden wiederholt werden *(Abbildungen 26/27)*.

Problemlos läßt sich die Rückenmuskulatur in der tiefen und freien Entspannungshocke dehnen. Ein Läufer ist gut beraten, wiederholt am Tag unter Ausnutzung der Pausen diese Dehnung zu praktizieren *(Abbildung 28)*.

Die Dehnungswirkung auf die Rückenmuskulatur läßt sich noch steigern, wenn in der tiefen Entspannungshocke geduscht und gleichzeitig das warme Wasser direkt an die Rückenmuskulatur geführt wird *(Abbildung 29)*.

Der »Treppensteigermuskel«

Die muskulären Gegenspieler bei der Hohlkreuzbildung zu Rücken- und Hüftbeugemuskulatur sind die Bauch- und Gesäßmuskeln, die aber in der Regel zu schwach

Abbildung 21 (links): Die Winkelposition des Hüftgelenkes belegt die Elastizität des Hüft-Lendenmuskels. Eine ausgeglichene Winkelstellung (Neutral-O-Position) belegt die gute Flexibilität der Hüftbeugemuskeln. – Abbildung 22 (rechts): Dehnung des wichtigen Laufmuskels im Becken (M. Ileopsoas) durch maximale Hüftstreckung und ergänzenden Handzug am Fußrücken. Verriegelung des Beckens durch maximale Hüftbeuge der Gegenseite bei Handzug am Kniegelenk.

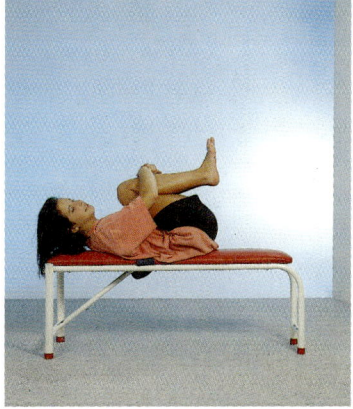

Abbildung 23 (links): Vergeblicher Versuch der Dehnung des Hüft-Lendenmuskels (M. ileopsoas) durch Abstützen des Kniegelenkes bei maximaler Streckung des Hüftgelenkes. Aufgrund der fehlenden Verriegelung des Beckens kann die Rotation nach vorne mit Hohlkreuzbildung nicht ausgeschaltet werden. Abbildung 24 (rechts): Dehnung der Rückenmuskulatur im Liegen mit Zugverstärkung der Arme von den Kniegelenken.

 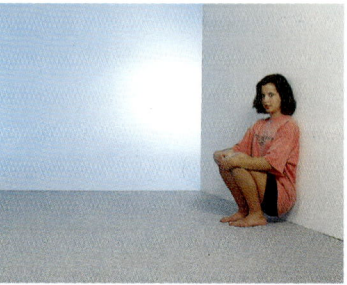

Abbildung 25 (links): Dehnung der Rückenmuskulatur im Liegen mit Zugwirkung der Arme über ein Kniegelenk bei gestreckter Gegenseite (Wiederholung Gegenseite).
Abbildung 26 (rechts): Dehnung Rückenmuskulatur in tiefer Hocke: Der Rücken bleibt senkrecht an der Wand, die Füße halten vollen Bodenkontakt, die Kniegelenke werden von den Unterarmen zur Brustwand gezogen.

Abbildung 27 (links): Im »Kutschersitz« hängt der Oberkörper zwischen den Kniegelenken zur Dehnung der Rückenmuskulatur, Dehnungsverstärkung durch Handzug von den Knöcheln.
Abbildung 28 (rechts): In der tiefen Entspannungshocke erfolgt die optimale Dehnung der Rückenmuskulatur und der Achillessehnen.

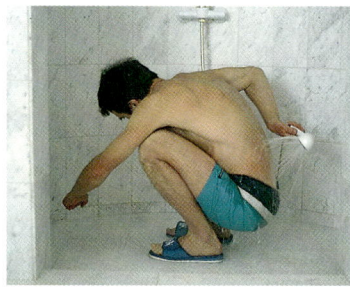

Abbildung 29: Doppelte Entspannungswirkung durch Dehnung der tiefen Rückenmuskulatur: Die direkte Wärmewirkung des Wassers verstärkt die Entkrampfung.

sind und folglich die Verkürzungswirkung des ersten Muskelpaares nicht ausgleichen können. Will man also wirksam das Becken aufrichten und das Hohlkreuz vermeiden, so sollte gleichzeitig die Bauch- und Gesäßmuskulatur verstärkt werden.

Der Gesäßmuskel ist unser »Treppensteigermuskel«. Treppensteigen und Bergsteigen stellen somit ein optimales Ausgleichstraining für Läufer dar, die bevorzugt auf flachem Terrain trainieren (Abbildungen 17a und b, Seite 27).

Neu auf dem Markt sind Steppgeräte, die ein häusliches Training der Gesäßmuskulatur ermöglichen.

3

Für jeden Läufer von Wichtigkeit ist das gezielte Aufbautraining der gesamten Bauchmuskulatur im geraden und schrägen Verlauf. Dabei ist darauf zu achten, daß keine falschen Übungen zur Anwendung kommen.

Überholt sind heutzutage jedoch die sogenannten »Klappmesser« und andere Rumpfbeugetechniken, denn sie verstärken nicht die Bauchmuskulatur, sondern vielmehr den M. ileopsoas, der aber beim Läufer gedehnt und nicht durch

Abbildung 30 (links): Falsch: Durch die sogenannten Klappmesserübungen wird eine Verstärkung der Bauchmuskulatur kaum erreicht; trainiert wird vorwiegend der Hüft-Lendenmuskel bei Rückenüberlastung.
Abbildung 31 (rechts): Das Anheben des Oberkörpers aus gestreckten Hüftgelenken zum Bauchmuskeltraining betont verstärkt den Hüft-Lenden-Bereich (M. ileopsoas), bringt aber kaum eine Verstärkungswirkung auf die Bauchmuskulatur.

ein intensives Training weiter verkürzt werden sollte. Bei einem falschen Bauchmuskeltraining wird zu zwei Drittel der Hüft-Lendenmuskel und nur zu einem Drittel die Bauchmuskulatur gefordert *(Abbildungen 30/31)*.

Die Bauchmuskulatur wird gezielt verstärkt, wenn darauf geachtet wird, daß über die gebeugten Hüftgelenke unser »Mister I« ausgeschaltet ist, so daß beim Anheben des Oberkörpers die gesamte Kraft aus der Bauchmuskulatur kommen muß *(Abbildungen 32, 33 und 34)*.

Das *sportinform*-Aktivprogramm gegen Hohlkreuz-bildung auf einen Blick
• Verkürzungsausgleich des »Mister I« *(M. ileopsoas)* nach der Intensivstrechingmethode

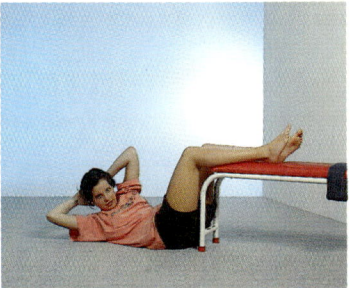

Abbildung 32 (links): Richtig: Optimales Bauchmuskeltraining aus gebeugten Hüftgelenken mit Ausschaltung des Hüft-Lendenmuskels (M. ileopsoas). Der Oberkörper wird bis zu 20 Grad vom Boden angehoben und kurz gehalten.
Abbildung 33 (rechts): Richtig: Gezieltes Training der schrägen Bauchmuskulatur, das Ellbogengelenk wird zum Knie der Gegenseite geführt (Wiederholung Gegenseite).

Abbildung 34: Richtig: Zum Training der schrägen Bauchmuskulatur. Im Wechsel das Ellenbogengelenk schräg gegen das obere gebeugte Kniegelenk der Gegenseite führen.

- Verkürzungsausgleich der Rückenmuskulatur nach der Intensivstretchingmethode
- Stärkung der gesamten Bauchmuskulatur
- Stärkung der Gesäßmuskulatur

Problemzone Kniegelenk

Beim Läufer ist der vierköpfige Oberschenkelstrecker *(M. quadriceps)* einmal über den zweigelenkigen mittleren Ober-

3

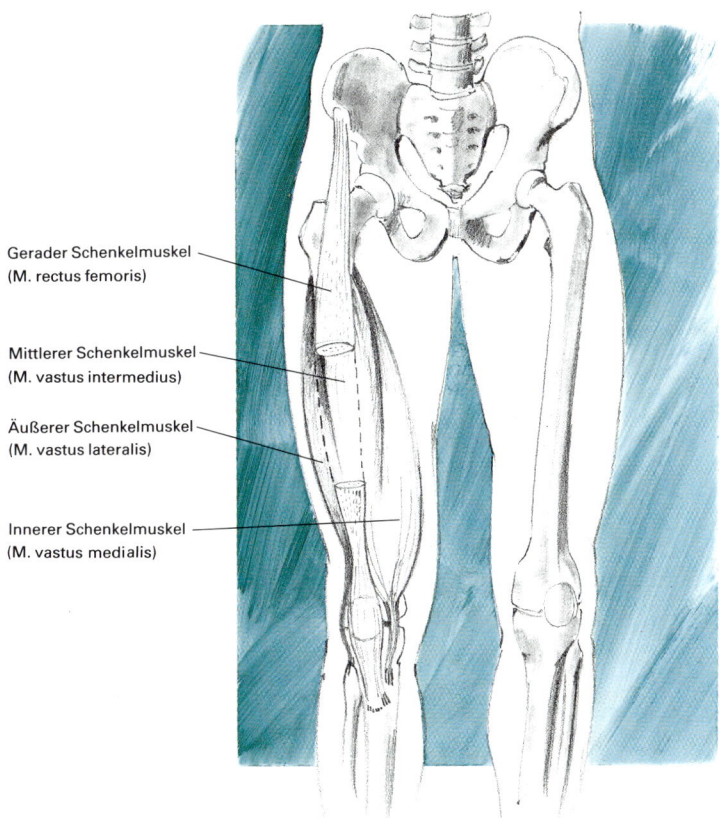

Gerader Schenkelmuskel
(M. rectus femoris)

Mittlerer Schenkelmuskel
(M. vastus intermedius)

Äußerer Schenkelmuskel
(M. vastus lateralis)

Innerer Schenkelmuskel
(M. vastus medialis)

Abbildung 35: Die vier großen Muskelgruppen der Oberschenkelstreckseite werden in der Kniescheibe zusammengebündelt. Sie setzen an der Streckseite des Schienbeinkopfes an und bewirken die Kniestreckung.

schenkelstrecker *(M. rectus femoris)* an der Hüftbeugung beteiligt und zum anderen durch die Bündelung der vier Muskelzüge über die Kniescheibe an der Streckung des Kniegelenks *(Abbildung 35).*

Eine Leistungsverkürzung der Oberschenkelstreckmuskulatur kann Schmerzen an der Beugeseite des Hüftgelenkes und im Ansatzbereich der großen Sehne unterhalb der Kniescheibe verursachen.

Im Gegensatz zu »Mister I« läßt sich diese Problemzone leicht mit dem tastenden Finger kontrollieren, ebenso signalisiert der Flexibilitätstest auf einfache Art das Dehnungsdefizit des Läufers *(Abbildung 36).*

Kniegelenksbeschwerden beim Läufer sind gefürchtet und relativ häufig. An erster Stelle muß das sogenannte »Patellaspitzensyndrom« genannt werden, das Schmerzen im Ansatzbereich der Sehne unterhalb der Kniescheibe zur Folge hat und auf die drei wesentlichen Ursachen beruht:

• Leistungsverkürzung der Oberschenkelstreckmuskulatur mit lokaler Sauerstoffunterversorgung im Verlauf der Kniescheibensehne.

• Hoher Reibungswiderstand der Kniescheibe und der Sehne bei Leistungsverkürzung durch intensive Richtungsänderung im Verlauf der Muskelsehnenkette bei der wiederholten Kniebeuge *(Abbildung 37).*

• Ungleichmäßige Lastverteilung der gebündelten Oberschenkelstreckersehne durch anlagebedingte Asymmetrie der Kniescheibe *(Abbildung 38).*

Diese letztgenannte Fehlform der Kniescheibe – im Extremfall spricht man von einer sogenannten Jägerhutform – läßt sich relativ leicht erfassen, kommt sie doch in der röntgenologischen Tangentialaufnahme optimal zur Darstellung. Gestört ist das Bewegungsspiel der Kniescheibe im Oberschenkelgleitlager, und die Funktionsstörung imponiert durch knackende Bewegungsgeräusche bei Beugung und Streckung im Kniegelenk, wobei zunächst Schmerzen durchaus ausbleiben können.

3

Abbildung 36: Die Streckbehinderung im Hüftgelenk signalisiert die Leistungsverkürzung der Oberschenkelstreckmuskulatur (speziell M. rectus femoris).

Diese Form der Fehlentwicklung kann ursächlich über die gezielte und wiederholte Dehnung der Oberschenkelstreckmuskulatur positiv beeinflußt werden, weil sich hierdurch die Reibungskraft der Patella in ihrem Gleitlager entsprechend vermindern läßt.

Die Situation wird vom Mediziner als Chondropathie umschrieben, weil die chronische Leistungsverkürzung der Oberschenkelstrecker und die Fehlform der Kniescheibe zu schmerzhaften Funktionsstörungen führen können. In der ursächlichen Form der Behandlung muß auch für die Chon-

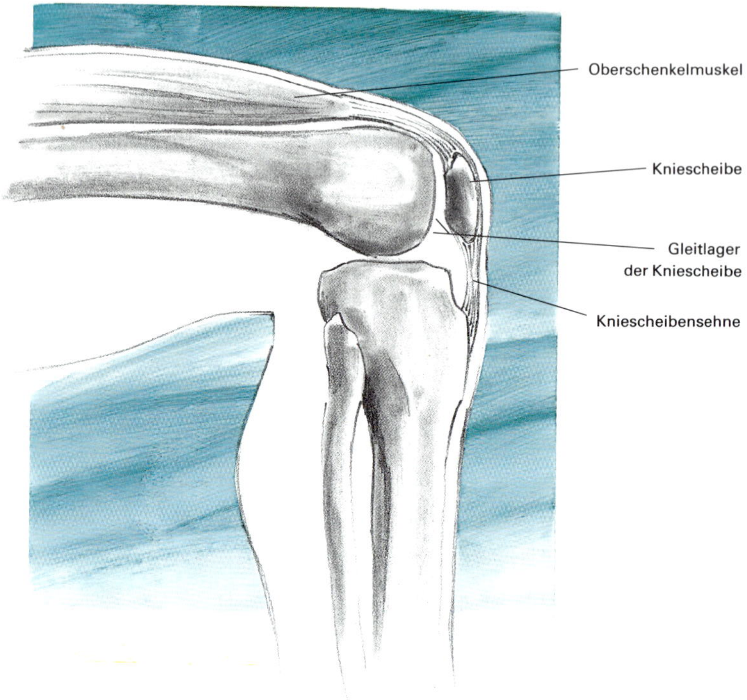

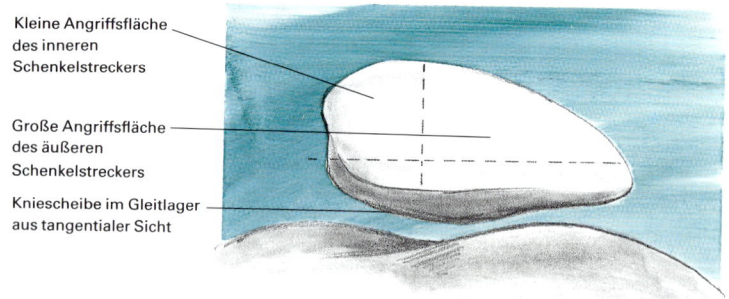

Oberschenkelmuskel

Kniescheibe

Gleitlager
der Kniescheibe

Kniescheibensehne

Abbildung 37: Verkürzung der Oberschenkelstreckmuskulatur und die gehäufte Winkelposition des Kniegelenkes bewirken hohe Reibungsvorgänge der Kniescheibe im Gleitlager und im Verlauf der Kniescheibensehne.

Kleine Angriffsfläche
des inneren
Schenkelstreckers

Große Angriffsfläche
des äußeren
Schenkelstreckers

Kniescheibe im Gleitlager
aus tangentialer Sicht

Abbildung 38: Asymmetrische Darstellungsformen der Kniescheiben (sogenannte Jägerhutform) bewirken eine ungleichmäßige Lastverteilung im Gleitlager.

dropathie die wiederholte und gezielte Dehnung der Oberschenkelstreckmuskulatur gefordert werden.

Diese Maßnahme läßt sich optimal ergänzen, wenn eine Änderung der Reibungsfläche im Bereich der Kniescheibe angestrebt wird. Die Lastumverteilung wird ermöglicht durch ein betontes Training der Oberschenkelstreckmuskulatur an der Innenseite (speziell *M. vastus medialis*), weil nur durch die Verkürzung dieses Muskelabschnittes die kurze Angriffsfläche am medialen Anteil der Kniescheibe verbessert werden kann und der Druck vom äußeren Gelenkwannenrand genommen wird.

In der praktischen Umsetzung trainiert man den inneren Verlauf der Oberschenkelstreckmuskulatur *(M. vastus medialis)* mit der in *Abbildung 39* dargestellten Übung.

Die Chondropathie kann somit ursächlich über zwei Maßnahmen behandelt werden:
• Gezielte, wiederholte Dehnung der Oberschenkelstreckmuskulatur.
• Isoliertes Verkürzungstraining der inneren Oberschenkel-Streckmuskulatur *(M. vastus medialis)*.

Der innere Oberschenkelstrecker *(M. vastus medialis)* ist der wichtigste Kniestabilisator. Häufig stellt sich die Chondropathie bei Mädchen und Frauen dar, weil neben der Patellafehlform auch das breite weibliche Becken zur ungün-

Abbildung 39: Aufbautraining des inneren Oberschenkelstreckmuskels (M. vastus medialis) durch Heben des gestreckten Beines in 45 Grad Außenrotation mit 1 bis 2 kg Fußgewicht.

stigen Lastverteilung der Oberschenkelstreckmuskulatur beiträgt. Über das breitere Becken setzt der Muskelzügel der äußeren Oberschenkelstrecker *(M. vastus lateralis)* in einer stärkeren Winkelposition an der Kniescheibe an, wodurch dann auch die Reibung am äußeren Begrenzungswall an Stärke zunimmt *(Abbildung 40)*.

Bei einer geringen Ausbildung der äußeren Gelenkwanne des Kniescheibengleitlagers kann nun die Patella über die verstärkte, ungünstige Zugrichtung des äußeren Oberschenkelstreckers leicht aus ihrem Lager herausspringen.

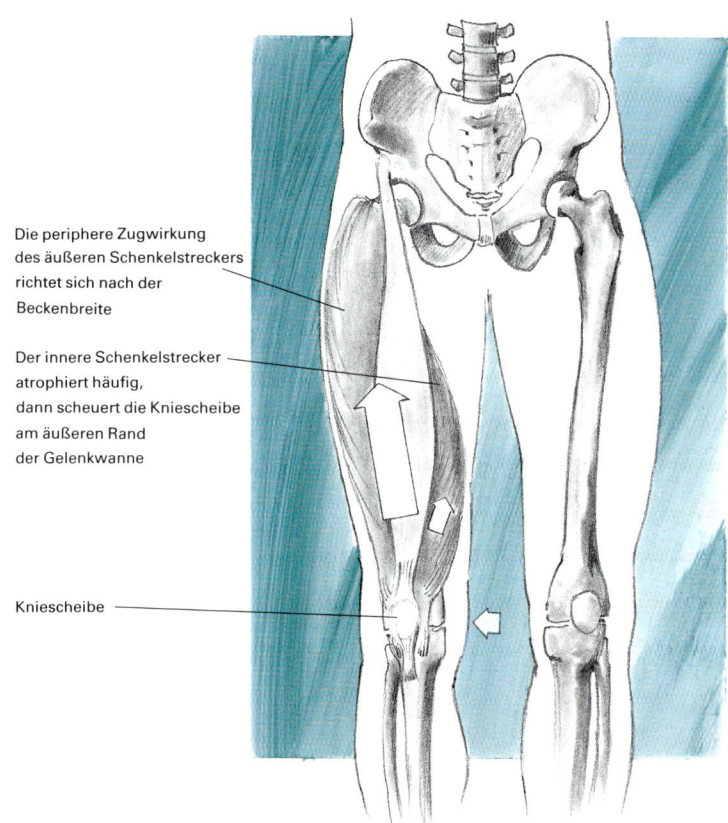

Die periphere Zugwirkung des äußeren Schenkelstreckers richtet sich nach der Beckenbreite

Der innere Schenkelstrecker atrophiert häufig, dann scheuert die Kniescheibe am äußeren Rand der Gelenkwanne

Kniescheibe

Abbildung 40: Das breitere weibliche Becken bewirkt eine deutliche Seitverlagerung des äußeren Muskelzügel (M. vastus lateralis). Die Folge ist ein verstärkter Reibungsvorgang der Kniescheibe am äußeren Begrenzungswall des Gleitlagers.

42

Im Erkrankungsfall spricht man von der habituellen oder anlagebedingten Kniescheibenverrenkung.

Diese Luxationsstellung kann durch alltägliche Vorgänge auftreten. Häufig genügt ein leichtes Umknicken beim Sport – und die Kniescheibe »steht neben dem Kniegelenk«.

Therapie bei Kniescheibenverrenkungen: Statt einer aufwendigen Operation bietet sich die ursächliche Therapie nach dem folgenden Behandlungsschema an:

• Mehrfach wiederholte und gezielte Dehnung der Oberschenkelstreckmuskulatur mit einer Betonung des *M. vastus lateralis*.

• Gezieltes permanentes Verkürzungstraining der Oberschenkelstreckmuskulatur speziell im Verlauf des *M. vastus medialis*.

Das operative Verfahren erreicht grundsätzlich keine andere Wirkung:

• Blutige Durchtrennung der verkürzten Ansatzzone an der Außenseite der Kniescheibe des *M. vastus lateralis* (verspätete Dehnungsmaßnahme).

• Raffung und Verkürzung der bindegewebigen Ansatzzone im Verlauf des *M. vastus medialis* (verspätete Verkürzungsmaßnahme).

Prävention statt Operation: Das gezielte und wiederholte muskuläre Aufbautraining in Kombination mit der Intensivstretchingmethode kann in vielen Fällen operative Korrekturen vermeiden: Prävention statt Operation.

Probleme an der Beugeseite des Kniegelenkes gehen von Sehnenstrukturen *(Popliteussehne)* aus und werden wiederholt beobachtet beim Bergablaufen, da von dem vorangehenden Bein eine hohe Streck- und Stabilisationsleistung des Kniegelenkes erwartet wird.

Blutgefäße und Nerven finden in diesem Bereich Durchtrittsöffnungen auf ihrer Passage in die Peripherie, und jede Muskelverkürzung im Verlauf der rückwärtigen Oberschenkelmuskulatur *(ischiocrural)* sowie im Verlauf der Unter-

schenkelbeugemuskulatur kann schädliche Kompressions-
symptome hervorrufen *(Abbildung 41).*

Beim häufigen Bergablaufen ist es ratsam, für die optimale Flexibilität der rückwärtigen Oberschenkelmuskulatur
(ischiocrural) und der Unterschenkelmuskulatur zu sorgen. Mit der Intensivstretchingmethode können Bela-
stungsbeschwerden an der Beugeseite der Kniegelenke
verhindert werden.

Problemzone Unterschenkel und Achillessehne

Die *Dysbalance* am Unterschenkel ist geprägt durch die
chronische Leistungsverkürzung der Wadenmuskulatur und

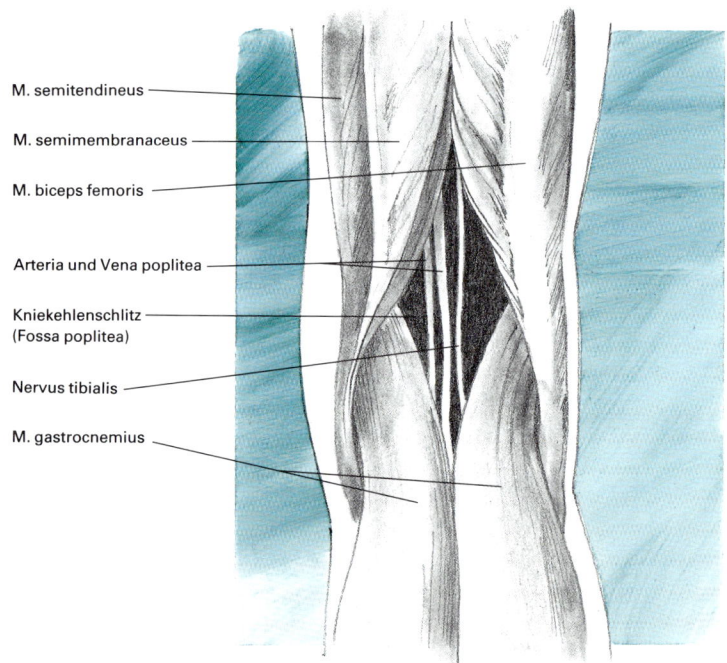

M. semitendineus

M. semimembranaceus

M. biceps femoris

Arteria und Vena poplitea

Kniekehlenschlitz
(Fossa poplitea)

Nervus tibialis

M. gastrocnemius

**Abbildung 41: Blutgefäße und Nerven passieren an der Beuge-
seite des Kniegelenkes exakt begrenzte Muskel- und Facien-
lücken.**

44

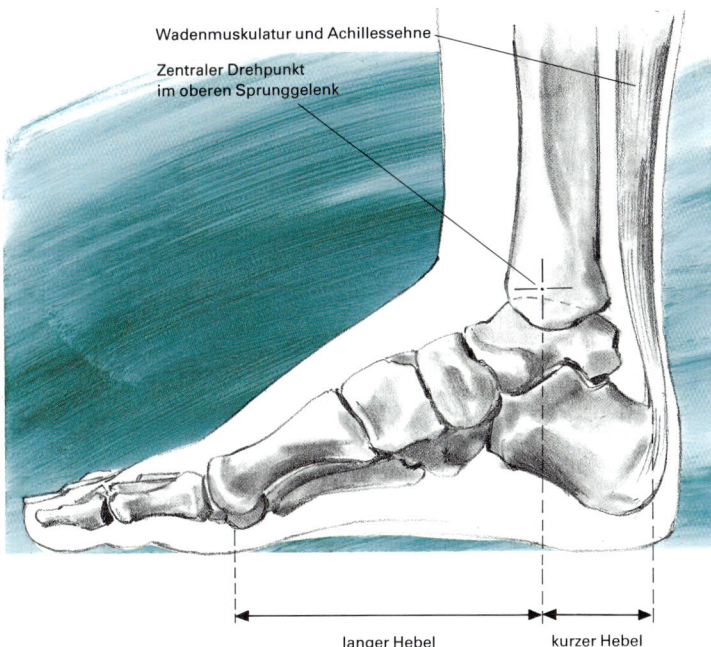

Wadenmuskulatur und Achillessehne

Zentraler Drehpunkt
im oberen Sprunggelenk

3

langer Hebel   kurzer Hebel

Abbildung 42: Nach hinten verlagerter zentraler Drehpunkt des oberen Sprunggelenkes, wodurch Wadenmuskulatur und Achillessehnen permanent beim Fußheben gegen einen ungünstigen Hebel wirken müssen.

der Achillessehne. Als typische Reaktion der überforderten Muskel-Sehnenkette beim Läufer kann in der kontinuierlichen Abrollphase des Fußes plötzlich ein stechender Schmerz auftreten. Es bedarf keiner äußeren Fehlgängigkeit im Sinne einer Distorsion als Folge einer Bodenunebenheit oder eines anderen Hindernisses. Die Ursache der Funktionsstörung ist in diesem Falle in einem inneren Geschehen zu suchen.

Grundsätzlich muß betont werden, daß die Hebelsituation beim Abrollen des Fußes für die steuernde Muskel-Sehnenkette an der Beugeseite des Unterschenkels ausgesprochen ungünstig ist, da beim Menschen der zentrale Drehpunkt des oberen Sprunggelenkes weit nach hinten verlagert ist. Beim Abrollen des Fußes sorgt somit der lange Vorfuß des Menschen für ungünstige Hebelverhältnisse, so daß schon bei einfacher Gangart eine chronische Überforderung der Wadenmuskulatur erfolgt *(Abbildung 42)*.

Interessant in diesem Zusammenhang ist wieder ein Vergleich zum Tierreich, denn Hunde, Katzen, Pferde, Tiger, Geparden etc. haben trotz exzellenter Laufleistungen keine Wadenmuskulatur, weil den Pfoten ein Vorfuß fehlt, wodurch das Abrollen erleichtert wird. *(Abbildung 43)*.

Grundsätzlich anders gestaltet sich die Biomechanik des menschlichen Fußes, so daß die Unterschenkelbeugemuskulatur ständig gegen ungünstige Hebelverhältnisse anarbeiten muß, die über den langen Vorfuß und die Rückverlagerung des zentralen Drehpunktes im oberen Sprunggelenk vorgegeben sind. Eine logische Folge ist die Leistungsentwicklung dieser Muskel-Sehnenkette sowie die Ausbildung der Wade, die aber die chronische Leistungsverkürzung durch Sauerstoffmangel in der Achillessehne mit einbezieht. Jede Erhöhung der Laufleistung muß diese Fehlentwicklung weiter verstärken.

Die anatomischen Verhältnisse des Unterschenkels und des Fußes beim Menschen schaffen somit die Grundlage für eine chronische Leistungsverkürzung mit Sauerstoffnot der Achil-

Abbildung 43: Tiere haben keinen langen Vorfuß wie der Mensch. Die Pfote kann leicht abgerollt werden, ein leistungsbezogener Wadenmuskel fehlt.

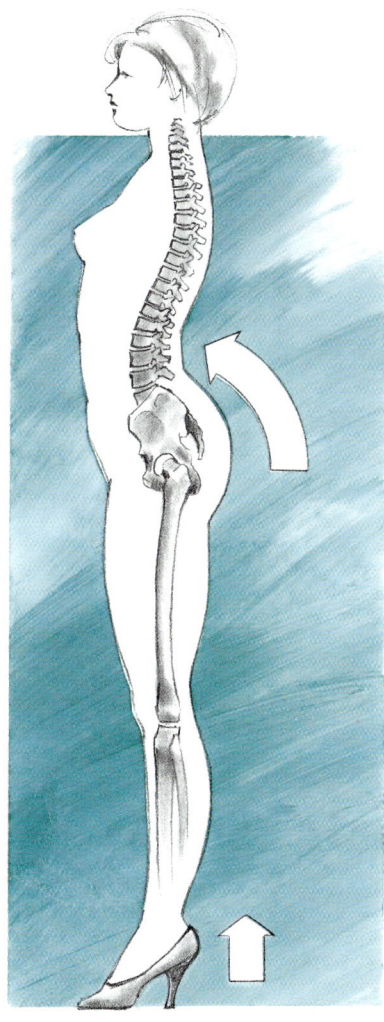

Hohlkreuzbildung und
verstärkte Beckenrotation nach vorn
erhöhen den Bandscheibendruck

Eine permanente Hackenerhöhung
fördert die Achillessehnenschrumpfung
und führt zu Wadenkrämpfen

Abbildung 44 a: Die permanente Spitzfußstellung im Hacken-schuh begünstigt den chronischen Schrumpfungsvorgang der Wadenmuskulatur und der Achillessehne.

lessehne, und dieser Vorgang wird durch den Zivilisations-prozeß noch verstärkt, da das Tragen hochhackiger Schuhe mit sekundärer Spitzfußstellung des Fußes die Schrumpfung der Achillessehne weiter vorantreibt *(Abbildung 44 a)*.
Frauen leiden daher vermehrt unter Waden- und Achilles-

sehnenproblemen, die bisweilen zu chronischen nächtlichen Krämpfen führen. Problemlos könnte dieses Übel durch die gezielte und wiederholte Dehnung der Wadenmuskulatur und der Achillessehne ausgeglichen werden, denn die Verabfolgung von Tabletten, Massagen und Beinhochlagerungen treffen das Übel nicht an der Wurzel.

In der konservativen Frakturbehandlung früherer Jahre bestand ein folgenschwerer therapeutischer Fehler darin, den Fuß über längere Zeit in Spitzfußstellung einzugipsen. Die Nachbehandlung nach Gipsentfernung wurde später wesentlich dadurch geprägt, daß die verkürzte und inzwischen verwachsene Achillessehne in Funktion gebracht werden mußte, denn ein chronischer Spitzfuß hat eine wesentliche Gehbehinderung auf Dauer zur Folge.

Wenn die Achillessehne schon bei einfacher Gangart einer ungünstigen Hebelsituation ausgesetzt ist – um wieviel extremer muß dann die Leistungsanforderung bei einem entsprechend hohen Lauftraining sein?

Wird intensives Laufen nicht durch ebenso intensives Dehnen (Intensivstretchingmethode) ausgeglichen, so droht unausweichlich über die chronische Sauerstoffverarmung die Degeneration der Achillessehne. Signale sendet die überforderte Sehne bis zur Endstufe der Erkrankung *(Ruptur)* wiederholt durch Schmerzen aus. Das Erkrankungsbild umschreibt man in der Medizin nicht selten mit dem Begriff *Achillodynie*.

Wird in dieser Phase der lokalen Sauerstoffnot der Achillessehne keine Verbesserung der Versorgungssituation (Sauerstoff und Nährstoffe) über die wiederholte und gezielte Dehnung ermöglicht, so droht vielfach in der Endstufe der Degeneration die Achillessehnenruptur.

In der Unfallversicherung wird die Achillessehnenruptur nur im Ausnahmefall als Unfallfolge gewertet, weil man weiß, daß in der Regel von einer Zerrüttungsruptur gesprochen werden muß. Nicht die Distorsion ist ursächlich verantwortlich für die Funktionsstörung, sondern vielmehr der über Jahre andauernde Schrumpfprozeß durch die einseitige Leistungsüberforderung, wobei diese negative Entwicklung durch das Tragen hochhackiger Schuhe unterstützt wird.

Die Spätruptur der Achillessehne ist die Folge einer ungünstigen Biomechanik im Verlauf der Muskel-Sehnen-kette am Unterschenkel, die durch ein ungünstiges Schuhwerk verstärkt wird.

Am eigentlichen Ziel vorbei führt daher jede Therapie der Achillodynie durch zusätzliche Hackenerhöhung der Schuhe (Fersenkeil). Das Gegenteil wird erreicht, denn der Schrumpfungsprozeß der Achillessehne und damit die chronische Sauerstoffnot nehmen weiter zu.

Im Ausnahmefall kann die *Achillodonynie* durch eine Schleimbeutelreizung *(Bursitis)* hervorgerufen werden, wobei dann der präzise Druckschmerzpunkt aber eindeutig unter dem eigentlichen Sehnengewebe und am Übergang zum hinteren Rand der Ansatzzone des Fersenbeines liegt. Dieser Befund kann über sorgfältige Palpation sehr gut von der eigentlichen Achillessehnenverkürzung unterscheiden. Die Ursache ist zu suchen in einer häufigen Druckeinwirkung über zu hartes Fersenmaterial des Schuhwerks, in Frage kommt auch gelegentlich eine Knochenausziehung oder Spornbildung des hinteren Fersenbeines, wobei dieser Befund röntgenologisch gut erfaßbar ist *(Abbildung 45 a)*.

In diesem Fall ist die vorübergehende Entlastung der Achillessehne durch eine Hackenerhöhung angezeigt, wobei diese Entlastung nur so lange zur Anwendung kommen sollte, wie die Schwellung des Schleimbeutels anhält. Ist die Bursitis abgeklungen, kann auf das weitere Tragen der Fersenkeile verzichtet werden, und über die wiederholte Dehnung der Achillessehne sollte eine Rezidivbildung vermieden werden. Gleichzeitig müßte selbstverständlich beim Schuhkauf auf eine weiche Materialbeschaffenheit des Schuhs im Fersenbereich geachtet werden.

Die Spitzfußstellung wird nicht nur durch modische Schuhe gefördert, sondern auch durch den fehlenden Verkürzungsausgleich der Wadenmuskulatur.

Bei Naturvölkern und Völkern des asiatischen Raumes wird das Pausenverhalten durch die wiederholte, lange Einnahme einer tiefen Hockposition geprägt. Außerdem wird hier in der

49

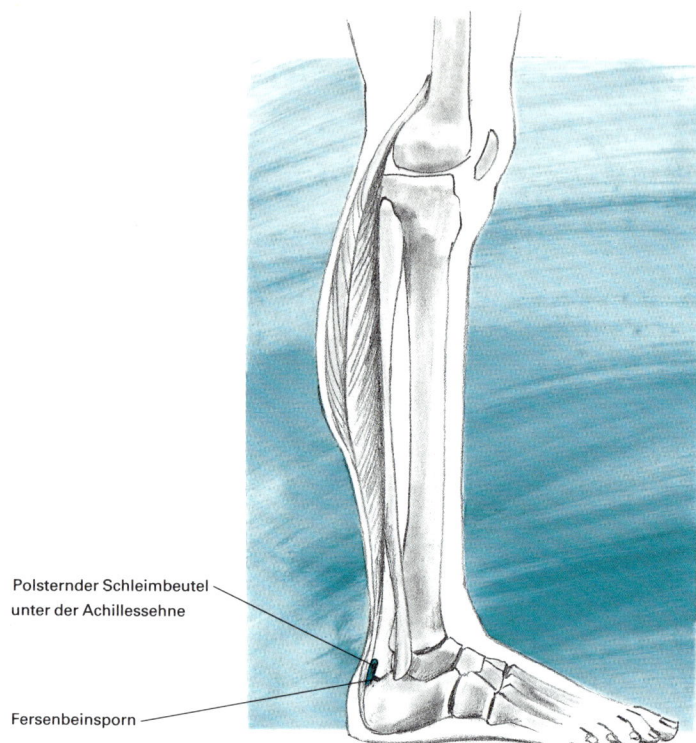

Polsternder Schleimbeutel
unter der Achillessehne

Fersenbeinsporn

**Abbildung 45 a: Der Schleimbeutel (Bursa) liegt als Dämpfungs-
material zwischen der Achillessehne und dem Fersenbein. Er
kann durch Druck von außen, von einer verkürzten Achillessehne und von einen Fersenbeinsporn gereizt werden.**

Regel auf das Tragen von hierzulande gebräuchlichen
Hackenschuhen verzichtet.

Bei der Einnahme der tiefen Hocke werden speziell die
Achillessehne und die Wadenmuskulatur gedehnt, wobei
auch die tiefe Rückenmuskulatur in diesen Längenausgleich
mit einbezogen wird. Gleichsam als Nebenprodukt wirkt sich
somit das unterschiedliche Pausenverhalten der Völker för-
dernd oder hemmend auf einen wichtigen Muskel-Sehnenabschnitt aus. Als Folge der erworbenen Flexibilität der
Rücken- und Wadenmuskulatur sowie der Achillessehnen ist
bei der Durchführung der tiefen Hocke ein direkter Kontakt

zwischen Fersenbein und Sitzbein möglich (siehe *Abbildung 28*, Seite 34).

Jede einseitige Laufbelastung und das lange Sitzen in ungünstiger Position führen in unseren Breiten zu einer Verkürzung der Unterschenkelbeugemuskulatur und der gesamten Rückenmuskulatur. Im Sitzen wirkt die verkürzte beugeseitige Hüft-Lendenmuskulatur negativ mit, weil im Verlauf eines Arbeitstages die absolute Hüftgelenksstreckung viel zu selten vorgenommen wird. Dieser negative Anpassungsprozeß hat dazu geführt, daß hierzulande in der Regel eine ungünstige Hockeposition eingenommen wird (»europäische Krampfhocke«, *Abbildung 44*).

Im Gegensatz zur »asiatischen Hocke« kann diese Krampfsituation nur kurz gehalten werden. Die eingeschränkte Flexibilität der Rückenmuskulatur und der Achillessehnen führt beim Versuch, die Ferse auf den Boden zu setzen, zu einem Sturz auf den Rücken *(Abbildung 45)*.

Fatal wird die Situation, wenn in dieser Krampfhocke gearbeitet wird (Bergmänner, Fliesenleger etc.), weil über die chronische Überbelastung dem inneren Meniskus die vorzeitige Degeneration droht. In der Spätform der Erkrankung

Abbildung 44 (links): Die europäische Krampfhocke wird unterhalten durch verkürzte Achillessehnen und eine verkürzte Rückenmuskulatur. Die Folge sind angehobene Fersen bei Außenrotation beider Oberschenkel mit hoher Kniegelenksbelastung (speziell medialer Meniskus).
Abbildung 45 (rechts): Schwerpunktverlagerung nach hinten beim Absenken der Fersen über verstärkten Zug der verkürzten Rücken- und Wadenmuskulatur und Sturzfolge auf den Rücken (typischer Flexibilitätstest).

wird dieser Meniskusschaden als Berufskrankheit (Nr. 21.02) anerkannt, wenn eine entsprechende Berufstätigkeit von mindestens drei Jahren nachgewiesen werden kann. Die Priorität im Sinne der Prävention gilt aber dem Erlernen einer optimalen Hocke in tiefer Position.

Schädlich für den Innenmeniskus ist besonders die Tatsache, daß in der tiefen europäischen Hocke den Kniegelenken eine Außenrotationsstellung der Oberschenkel aufgezwungen wird, weil hierdurch die Verkürzung der Muskulatur besonders am Unterschenkel ausgeglichen wird. Das Kniegelenk ist aber bei extremer Beugung für diese Außenrotation nicht angelegt, denn es handelt sich hier um ein reines Scharniergelenk. Lediglich bei der Schlußstreckung findet eine geringe Außenrotationswirkung zur Abschlußverriegelung zwischen Schienbeinkopf und den korrespondierenden Oberschenkelrollen statt. Wird jetzt aber in tiefer Hocke durch Abspreizen beider Oberschenkel den Kniegelenken eine Außenrotation aufgezwungen, so muß hierunter der Binnenraum leiden. Betroffen ist vorrangig der Innenmeniskus, da er durch seine enge Anheftung an die Gelenkkapsel (im Gegensatz zum Außenmeniskus) der Rotationskraft nur unwesentlich ausweichen kann. Die ständige Zug- und Druckkraft über eine Art Zangenwirkung zwischen Schienbeinkopf und innerer Oberschenkelrolle führt zwangsläufig zur vorzeitigen Degeneration des medialen Meniskus. Die

 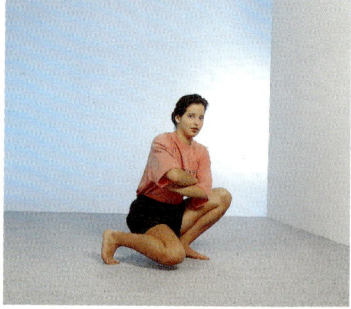

Abbildung 46 (links): Optimale Rücken- und Knieentlastung durch Arbeiten auf einem Melkerschemel.
Abbildung 47 (rechts): Der Entengang führt zu einer hohen Kniebelastung mit spezieller Schädigung des Meniskus.

Abbildung 48 (links): Günstige Gelenk- und Sehnenbelastung beim Geher durch das rhythmische Abrollen des ganzen Fußes.
Abbildung 49 (rechts): Bei geringen Anstiegen kann beim Berglauf der Fuß vollständig abgerollt werden. Dies führt zu einer wiederholten Dehnung der Achillessehnen.

Benutzung eines einfachen Hilfsmittels, etwa eines Melkschemels, ermöglicht ein kniegelenkschonendes Arbeiten *(Abbildung 46)*.

Selbst im modernen Hallensport mißachtet man vielfach die notwendige Schonung der Gelenke, denn der tiefe »Entengang« gefährdet den Kniebinnenraum in höchstem Maß und trägt ebenfalls zur frühzeitigen Meniskusschädigung bei *(Abbildung 47)*.

Der Abrollvorgang des Fußes beim Sport ist individuell geprägt und steht im Zusammenhang mit der Laufgeschwindigkeit. Einfaches Gehen sowie langsames Laufen bedingen in der Regel ein kontinuierliches Abrollen des Fußes über Ferse und Vorfuß *(Abbildung 48)*.

Sogar beim Berglaufen ist man in der Lage, bei geringeren Anstiegen auf das vollständige Abrollen des Fußes zu achten *(Abbildung 49)*.

Diese schonende Fußbelastung ermöglicht sogar die Besserung chronischer Achillessehnenbeschwerden, weil in der Bergaufstiegsphase eine vermehrte und wiederholte Dehnung der Achillessehne erfolgt, wodurch die Leistungsverbesserung erklärt werden kann (Intensivstretchingmethode).

Nimmt die Laufgeschwindigkeit im flachen Gelände zu, führt dies zu einer betonten Vorfußbelastung, wobei im Sprint auf diese Art der höchste Bewegungsimpuls ausgelöst werden

3

Abbildung 50: Die tiefe Entspannungshocke sollte das Pausen-verhalten eines Läufers prägen.

kann. Aber selbst über 1500 m, 5000 und 10 000 m wird viel-fach eine betonte Vorfußbelastung ausgeführt, weil auf die-sem Wege bessere Zeiten erreicht werden können.

Dieses Vorgehen kann toleriert werden, wenn der Leistungs-sportler auf die verstärkte Verkürzungswirkung der Unter-schenkelmuskulatur und die Achillessehnen achtet und wenn wiederholt ein gezielter Längenausgleich angestrebt wird.

Für intensive Läufer muß die »asiatische Hocke« pro-blemlos umsetzbar sein. Als Flexibilitätstest kann sie dar-über Auskunft geben, ob sich die Wadenmuskulatur und die Achillessehnen einschließlich der Rückenmuskulatur stets im optimalen Dehnungszustand befinden *(Abbildung 50)*.

Jede verkürzte Muskel-Sehnenkette steht unter Sauerstoffmangel, und ähnlich dem Gußeisen sind Materialermüdungen zu erwarten. Das spröde Material kann auf einen

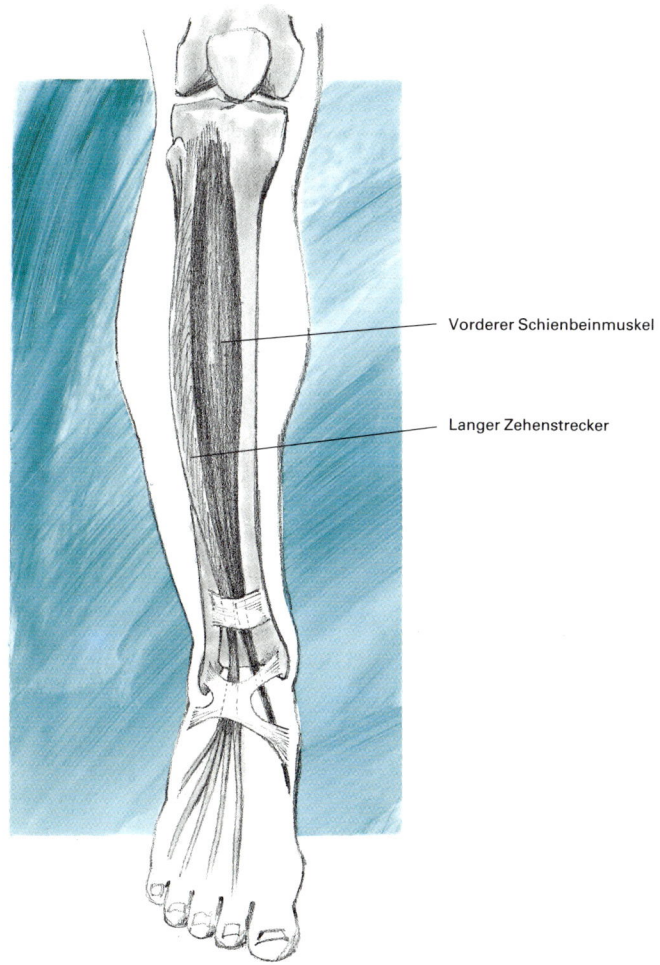

Vorderer Schienbeinmuskel

Langer Zehenstrecker

Abbildung 51: Exakte räumliche Begrenzung der Fußstrecker in starken bindegewebigen Hüllen.

55

notwendigen Anpassungsvorgang nur mit Rißbildung reagieren. Stahl gleicht der trainierten Sehne, die aber neben der Leistungsstärke eine optimale Flexibilität aufweist.

Eine seltene Komplikation am Unterschenkel ist die Überforderung der streckseitigen Unterschenkelmuskulatur, wenn die sekundäre Leistungsverkürzung zu einer Druckerhöhung führt. Im Erkrankungsfall spricht man vom »Kompartement-Syndrom« der Fußheberstreckermuskulatur, wenn die Druckerhöhung zu einer Blockade in der arteriellen und venösen Verbindungsbahn ausartet, wobei der Extremfall sogar zur Nekrose des Muskels führen kann. Diese Situation tritt aber speziell bei Unfallgeschehen auf, wenn es zu einer Druckerhöhung durch zusätzliche Einblutung in die bindegewebige Hülle des Muskels kommt.

Dies hat anatomische Ursachen, weil die Fußheberstrecker von einem exakt umgrenzten bindegewebigen Raum umgeben sind und somit der seitlichen Expansion bei Druckerhöhung Grenzen gesetzt werden *(Abbildung 51)*.

Zu 70 bis 75 Prozent beruht diese Drucksteigerung aber auf einer traumatischen Genese, wobei die Nekrosenbildung durch die operative Spaltung der bindegewebigen Hülle verhindert werden kann.

Abbildung 52 (links): Hoher Leistungsanspruch der Fußstrecker in einer langen Bergablaufphase.
Abbildung 53 (rechts): Beim rhythmischen Abrollen des ganzen Fußes werden permanent die Fußheber trainiert und die Achillessehne im Wechsel gedehnt.

Abbildung 54: Spezielles Aufbautraining der Fußheber durch wiederholten Hackengang und aktives Dehnen der Achillessehnen.

Zu einer spontanen Leistungsverkürzung und Druckerhöhung der Fußhebermuskulatur kommt es dann, wenn man unvorbereitet diesen Muskelabschnitt überfordert – wie das etwa bei langen und schnellen Bergabläufen der Fall sein kann *(Abbildung 52)*.

Das Kompartement-Syndrom im Sport kann man verhindern, wenn man permanent die Fußstrecker trainiert:
• Sorgfältiges Abrollen des ganzen Fußes beim Laufen *(Abbildung 53)*.
• Hackengang während der Ausgleichsgymnastik *(Abbildung 54)*.

Die große Beanspruchung der Unterschenkelmuskulatur beim Laufvorgang kann zu isolierten Schmerzen im Bereich des Innenknöchels mit Ausstrahlung in die Fußsohle führen, wenn die isolierte Leistungsverkürzung der Unterschenkelbeuger und Zehenbeuger zu einem umschriebenen Kompressionssyndrom führt *(Abbildung 55)*.

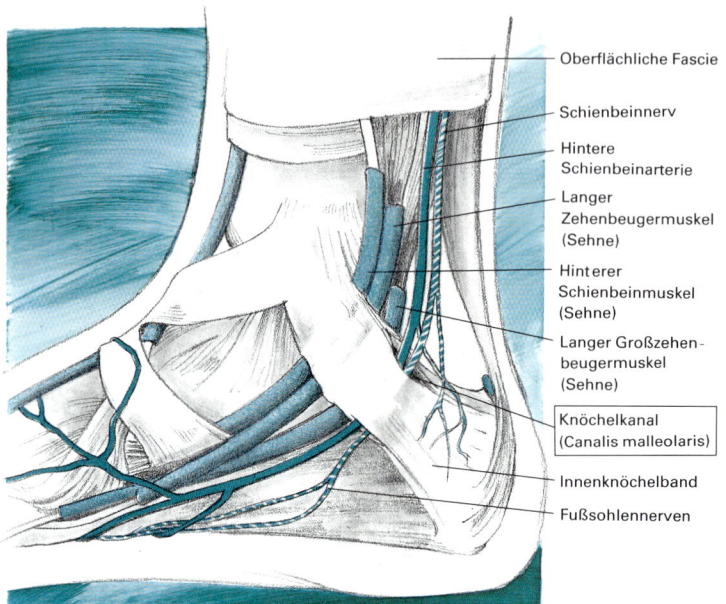

Oberflächliche Fascie

Schienbeinnerv

Hintere Schienbeinarterie

Langer Zehenbeugermuskel (Sehne)

Hinterer Schienbeinmuskel (Sehne)

Langer Großzehen- beugermuskel (Sehne)

Knöchelkanal (Canalis malleolaris)

Innenknöchelband

Fußsohlennerven

Abbildung 55: Die Leistungsverdickung der Sehnen am Innen- knöchel kann ein Kompressionssyndrom mit sekundärer Ner- venschädigung (Tarsaltunnelsyndrom) hervorrufen.

Dieser bindegewebige Raum am hinteren Rand des Innen- knöchels ist exakt durch Bandstrukturen begrenzt, und das Kompressionssyndrom entsteht, wenn durch Verkürzung und Volumenzunahme der Sehnen der Zehenbeuger sowie des hinteren Schienbeinmuskels, der in unmittelbarer Nähe liegende Schienbeinnerv, abgedrückt wird. Periphere Ner- ven reagieren auf diesen Druck überaus empfindlich. Im Er- krankungsfall kommt es zu Ausfällen im Ausbreitungsgebiet der Nerven – in diesem Fall mit Sensibilitätsstörungen und Schmerzen in der Fußsohle.

Das Kompressionssydrom im Bereich des Innenknöchels und der Fußsohle als Folge der Verdickung von Sehnen im Bandkanal ist in der Medizin als Tarsaltunnelsyndrom bekannt. Am Ende der Erkrankung bleibt nur die äußere Spaltung und Entlastung der begrenzenden Wandanteile *(Abbildung 56)*.

Der folgende Vergleich drängt sich auf: Ein überladener Güterzug ist in einem Tunnel blockiert, und die weitere Passage wird erzwungen durch die Sprengung des Tunnels und nicht durch ein Entladen der Güterwagen (Verringerung des Tunnelinhaltes).

Die Intensivstretchingmethode geht bei der Prävention der Entwicklung eines Tarsalsyndroms den Weg der »Beeinflussung des Tunnelinhaltes«, denn über die wiederholte Dehnung im Verlauf der Sehnen wird die Druckerhöhung und Volumenzunahme verhindert.
Durch dieses sinnvolle und empfehlenswerte Vorgehen kann eine Druckschädigung des Begleitnerves verhindert werden *(Abbildungen 57–59).*

Bei jeder extremen Vorfußbelastung kann es zur Ausbildung eines Tarsaltunnelsyndroms kommen. Gefährdet sind extreme Vorfußläufer, Hoch-, Weit- und Dreispringer. Eine hohe Leistungsbeanspruchung erfordert das tägliche und stundenlange Sprungtraining der Ballettänzer, wobei nicht selten ohne Leistungsschuhe und auf harten Unterlagen gearbeitet wird.

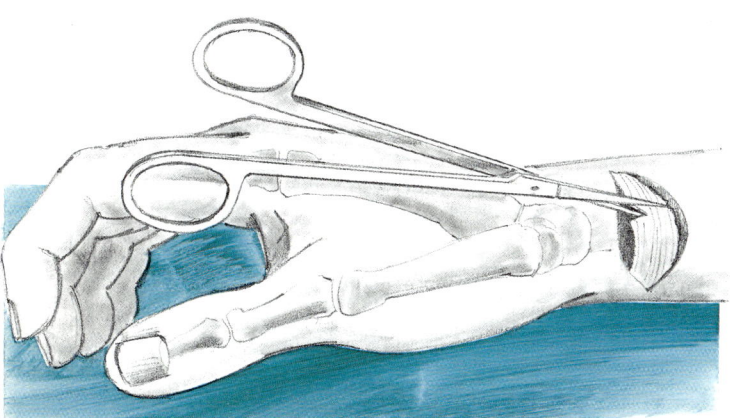

Abbildung 56: Operative Spaltung des Bandkanals mit Entlastung des Tunnelinhaltes.

Abbildung 57 (links): Abstützen des Oberkörpers mit beiden Händen an der Wand, Vorschieben des Beckens bei vollem Bodenkontakt des hinteren Fußes; über das gebeugte hintere Knie verlagert sich der Dehnungspunkt in die Achillessehne.
Abbildung 58 (rechts): Abstützen mit den Unterarmen, hinteres Bein gestreckt. Durch 45-Grad-Drehung des hinteren Vorfußes Hauptdehnung am hinteren Innenknöchelrand.

Abbildung 59: Durch das Absenken des Kniegelenkes liegt der Schwerpunkt der Dehnung im Bereich der Fußsohle bei maximaler Überstreckung der Zehen.

Die gezielte Dehnung der Fußsohle ist speziell dann angezeigt, wenn der Entwicklung von Krallenzehen gegengesteuert werden muß – oder zum Beispiel bei einer Ausbildung von Schrumpfungen und Knotenbildungen im Fußsohlenbereich. Operationsergebnisse an der Fußsohle sind in keinem Fall ermutigend, da sogar einfache Narbenbildungen durchaus Druckstörungen beim Abrollen des Fußes verursachen können. Aus diesem Grunde sind die Präventivmaßnahmen in Form von Intensivstretching bei hoher Unterschenkel- und Fußbelastung von größter Bedeutung.

Kapitel 4
Intensivstretching für Läufer

Wirkungsweise und Zeiteinteilung der Intensivstretchingmethode

4

Im Lauf der Entwicklungsgeschichte ist dem Menschen das natürliche Körperverhalten verlorengegangen. Man muß davon ausgehen, daß unser zentrales Nervensystem durch das Überangebot von Signalwirkungen des modernen Lebens (vergleichbar mit der überbelasteten Arbeitsplatte eines Computers) so besetzt ist, daß die Spannungswirkungen der verkürzten Muskulatur nicht mehr wahrgenommen werden. Die hohe Bewegungs- und Belastungsanpassung an Arbeit und Sport erfordert aber dringend den ausgleichenden Spannungsabbau, der nur über die gezielte und wiederholte Dehnung erreicht wird.

Intensivstretching ist die gezielte Anwendung wirksamer Dehnungstechniken mit Betonung der Gelenkabschnitte, die nach medizinischer Erfahrung zur Entwicklung einer vorzeitigen Degeneration neigen.

Die Lokalisation der Intensivstretchingmethode richtet sich nach dem stereotypen Bewegungsmuster bei Arbeit und Sport, wobei Flexibilitätstests die überforderte Muskulatur orten und kontrollieren.

Die Häufigkeit der Dehnungsanwendung steht in Relation zur Intensität der Bewegung und zu der Belastung bei Arbeit und Sport. Bei intensiven Belastungsstufen wird ein Zweistundenrhythmus der Dehnungsanwendungen empfohlen.

Die quergestreifte Skelettmuskulatur reagiert auf Bewegung und Belastung durch Verkürzung mit Drucksteigerung und Volumenzunahme. Bodybuilding besagt im wesentlichen, daß der Mensch in der Lage ist, durch gezieltes Training formend seinen Körper beeinflussen zu können *(Abbildung 60)*.

Bodybuildung ist aber nicht nur der typische Anpassungsvorgang der Muskulatur an Bewegung und Belastung, denn an der Volumenzunahme und Drucksteigerung ist neben dem Muskelabschnitt auch die kraftübertragende Sehne beteiligt.

Funktionsstörungen treten jedoch betont im Sehnenverlauf und nicht im Bereich der Muskulatur auf. Hierfür sind drei Gründe verantwortlich:

Das Sehnengewebe wird im Vergleich zur Muskulatur schlecht mit Nährstoffen und Sauerstoff versorgt. Vielfach fehlen eigene Arterien, die notwendige Ernährung wird über Gewebsflüssigkeit vorgenommen (sogenannte extreme Berghüttensituation).

Die kraftübertragenden Sehnen werden vielfach in Knochen- und Bandkanäle gebündelt und erfahren auf dem Weg zum Knochenansatz eine Richtungsänderung (zum Beispiel körpernahe Bizepssehne).

Jede Leistungsverkürzung muß zwangsläufig zu einer Erhöhung des Reibungswiderstandes im Band- oder Knochenkanal führen. In der Spätform der Erkrankung kann die Erhöhung des Reibungswiderstandes wie bei einem Schürsenkel im Schuh die Sehne reißen lassen (sogenannte Zerrüttungsruptur).

Die Bandkanäle stellen einen exakt begrenzten Raum für die Sehnen dar. Jede Volumenzunahme muß zwangsläufig zur Einengung dieser Raumzone führen. In der Endform der Erkrankung spricht man vom Kompressionssyndrom, wenn die verdickten Sehnen begleitende Nerven oder Blutgefäße eingeengt haben (zum Beispiel Tarsaltunnelsyndrom).

4

Abbildung 60: Extreme Volumenveränderung der Muskulatur durch Bodybuilding.

Für die Sportmedizin von entscheidender Bedeutung ist die Tatsache, daß jede Form der stereotypen Bewegung bei Arbeit und Sport zur Verkürzung und Volumenzunahme im gesamten Muskel-Sehnenabschnitt führt.

Der Anpassungsprozeß an Bewegung und Belastung vollzieht sich somit nicht nur im Verlauf der Muskulatur, sondern auch im Bereich der kraftübertragenden Sehnen, wobei betont werden muß, daß der chronische Sauerstoffmangel als Folge einer arteriellen Unterversorgung im Verlauf der Sehne die wesentliche Ursache für das Auftreten blockierender Funktionsstörungen darstellt. Ursächlich kann dieser fehlerhafte Kreislauf nur unterbrochen werden, wenn es gelingt, den Spannungsaufbau und die Verkürzungswirkung im Verlauf der Muskel-Sehnenkette in Anlehnung an das typische Bewegungsmuster zu kompensieren. Diese erste Stufe der Fehlentwicklung im Verlauf des gesamten Bewegungsapparates kann ursächlich durch gezielte und wiederholte Dehnung ausgeglichen werden. Über die Dehnungswirkung wird zunächst das plastisch leicht verformbare Muskelgewebe erreicht, wobei dieser Vorgang gleichzeitig eine optimale Druckentlastung im Verlauf der Leistungssehnen mit einschließt. Gleichzeitig erfolgt über den Spannungsabbau eine Verbesserung der Sauerstoffversorgung im Verlauf der Sehne.

Bei einer progressiven Leistungsverkürzung der Sehne ist die Hypertrophie nicht nur durch eine Micellenvermehrung bedingt, die Querschnittszunahme wird vielmehr mit unterhalten durch eine Oedemphase als Folge der chronischen Sauerstoffnot und als Ausdruck der ersten Stufe der Degeneration.

Durch Stretching kann auch die Oedemphase der Leistungssehne positiv beeinflußt werden, weil über den sekundären Spannungsabbau eine Verbesserung der Sauerstoffversorgung ermöglicht wird.

> **Stretching** stellt für jede verkürzte Sehne eine »Sauerstoffdusche« dar und ermöglicht die Rückführung zu einem funktionsgerechten Bewegungsablauf.

Die Dehnungswirkung ist aber nicht von langer Dauer. Eine erneute Leistungsverkürzung ist vorprogrammiert für den Fall, daß der stereotype Bewegungs- und Belastungsvorgang fortgesetzt wird. Bereits nach 90 Minuten muß im Verlauf der Muskulatur wieder mit einer maximalen Verkürzung gerechnet werden.

Bei einer hohen Belastung der Skelettmuskulatur (dynamisch beim Laufen oder statisch beim Sitzen) ist es daher auf alle Fälle ratsam, dieses typische Muskel-Sehnenverhalten zu berücksichtigen: Es empfiehlt sich folglich die wiederholte Anwendung der Dehnung nach einem bestimmten Zeitrhythmus.

> **Intensivstretching** bedeutet die wiederholte Dehnung überbeanspruchter Muskulatur im Zweistundenrhythmus.

Eine Dehnungszeit von sieben Sekunden hat durchaus eine langanhaltende Wirkung auf den Druck- und Längenausgleich im Verlauf der Muskel-Sehnenkette. Steht ausreichend Zeit zur Verfügung, so kann die Entspannungszeit selbstverständlich auf 20 oder 30 Sekunden ausgedehnt werden.

> Die reine Dehnungszeit beim Intensivstretching sieht eine Dauer von sieben Sekunden vor, wodurch die wiederholte Umsetzung bei der Arbeit und in der Freizeit gefördert wird.

Bei einer hohen sportlichen Beanspruchung kann intermittierendes Stretching umgesetzt werden: Über eine Minute wird eine Muskeleinheit im Wechsel zwischen An- und Entspannung jeweils siebenmal sieben Sekunden gedehnt.

4

Lokalisation der Dehnungsanwendung nach der Intensivstretchingmethode

Jeder quergestreifte Muskel, der als Folge einer Leistungsüberforderung unter verstärkter Spannung steht, kann durch Stretching entlastet werden. In der Medizin wird dieses Verfahren auch bei Kontrakturen ringförmiger Schließmuskeln angewendet. So liegt etwa ein Schwerpunkt der konservativen Behandlung der Hämorrhoiden in der wiederholten Dehnung des Schließmuskels, weil über diesen gezielten Spannungsabbau der venöse Rückfluß verbessert wird, was dann sekundär zum Abschwellen der Hämorrhoidalknoten führt.

Die Lokalisation der Dehnungsanwendungen wird zunächst durch ein Grundverhalten der quergestreiften Muskulatur bestimmt. Das Zuordnungsmuster spricht von tonischer und phasischer Muskulatur, wobei den tonischen Anteilen eine betont statische Haltefunktion zukommt, während die phasischen Muskeln Bewegungselementen vorbehalten sind. Wenn auch beim Menschen beide Gruppen nicht mehr klar unterschieden werden können, so gibt es doch eine Aussage über ein gewisses Grundverhalten *(Abbildung 61):*

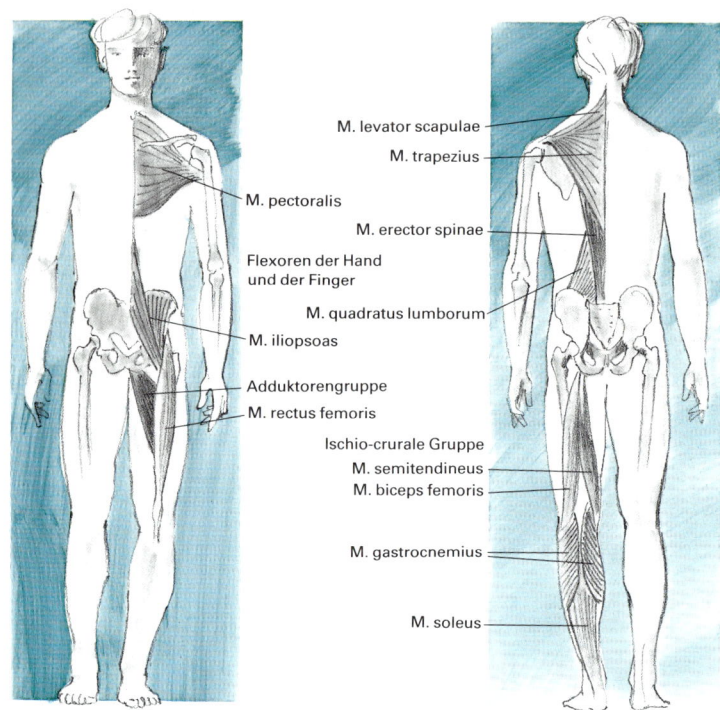

M. levator scapulae
M. trapezius
M. pectoralis
M. erector spinae
Flexoren der Hand und der Finger
M. quadratus lumborum
M. iliopsoas
Adduktorengruppe
M. rectus femoris
Ischio-crurale Gruppe
M. semitendineus
M. biceps femoris
M. gastrocnemius
M. soleus

Abbildung 61: Unterschiedliche Reaktionsweise der Skelett-muskulatur auf Fehl- und Überbelastung.

• Bei Fehl- und Überbelastung reagiert die *tonische* Muskulatur mit Verkürzung.
• Bei Fehl- und Überbelastung reagiert die *phasische* Muskulatur mit Abschwächung.

Jeder Dehnungsausgleich muß somit bei der Lokalisation der Anwendung dieses muskuläre Grundverhalten berücksichtigen, das heißt, die Dehnung wird wiederholt im Verlauf der tonischen Muskulatur ihre Anwendung finden müssen.
Von Bedeutung für die gezielte Dehnungsanwendung ist ferner der stereotype Bewegungs- und Belastungsvorgang, der auf den Körper einwirkt und Leistungsveränderungen nach einem typischen Grundmuster im Verlauf des Stütz- und Bewegungsapparates hinterläßt.

Die Leistungsmuskulatur beim Läufer findet man im Bereich der unteren Extremitäten in folgenden Abschnitten: Hüft-Lendenmuskel *(M. ileopsoas)*, gerader Schenkelmuskel *(M. rectus femoris)*, die Sitzbeinunterschenkelmuskeln *(Mm. ischiocruralis)*, dreiköpfiger Wadenmuskel *(M. triceps surea)*, der sich aus dem Zwillingswadenmuskel *(M. gastrocnemius)* und dem Schollenmuskel *(M. soleus)* zusammensetzt.

Im Verlauf dieser Leistungsbahnen treten bei einem intensiven Lauftraining zwangsläufig Funktionsstörungen auf, wobei diese Aussage von der medizinischen Praxis bestätigt

4

Abbildung 62: Die typischen kraftübertragenden Muskelschlingen eines Läufers (nach Tittel).

wird: Zerrungen und Muskelrisse sind Folge der typischen Reaktionsweise im Verlauf der Muskulatur (betont tonische Muskulatur) als Folge des chronischen Sauerstoffmangels.

An einem komplexen Bewegungsablauf sind die Agonisten und Antagonisten in einem bestimmten Schema beteiligt. Tittel spricht in diesem Zusammenhang von den leistungsbezogenen »Muskelschlingen«, denn erst das geordnete Zusammenspiel formt das Bild des sinnvollen Bewegungsablaufes *(Abbildung 62)*.

> Jede Ausgleichsdehnung beim Läufer muß sich an dieser Bewegungsschlinge orientieren, wobei Muskelabschnitte, die weniger im Vordergrund stehen, durchaus vernachlässigt werden können. Ein wirksamer Dehnungsausgleich wird nur dann erreicht, wenn es gelingt, bei der praktischen Umsetzung das Wesentliche vom Unwesentlichen zu unterscheiden.

In diesem Zusammenhang ist zu betonen, daß Stretching nicht als eigenständige Sonderleistung angesehen werden kann. Es erreicht vielmehr seine *assistierende* Wirkung beim Ausgleich der verkürzten Muskulatur und dient somit anderen Sportarten in der Phase der Erholung und Rehabilitation. Stretching kann kurzzeitig und wiederholt angewendet werden, denn ein Läufer muß seine Freizeit sorgfältig planen, wenn neben seinem zeitaufwendigen Hobby Familie, Beruf, Haus, Garten etc. nicht zu kurz kommen sollen. Zum Stretching sollte auch jede Pausen- und Wartezeit genutzt werden *(Abbildung 63)*.

Abbildung 63: Optimale Achillessehnendehnung auf der Treppe.

Abbildung 64: Hohe Bandscheibenbelastung durch Arbeit im Sitzen. Achtung: Der Bandscheibendruck ist im Sitzen höher als im Stehen!

Die Lokalisation der Dehnungsanwendung beim Läufer berücksichtigt betont die Laufmuskulatur, wobei es durchaus ratsam erscheint, weitere Gelenkabschnitte in die praktische Umsetzung mit einzubeziehen:
• Muskelgruppen, die einer großen Berufsbelastung unterliegen.
• Muskel-Sehnenabschnitte, die aufgrund medizinischer Erfahrung zu einer vorzeitigen Degeneration neigen.

Der gewöhnliche Arbeitsplatz unserer Zeit bedingt eine sitzende Tätigkeit an Schreibmaschine, Computer, im Auto etc. *(Abbildung 64).*
Diese eher statischen Tätigkeiten führen zwangsläufig zur Verkürzung der gesamten Rückenmuskulatur und bestimmter Muskelabschnitte der oberen Extremitäten.
Die stereotype Bewegung und Belastung bei der Arbeit schließt eine einseitige Belastung der Schultergelenke, der Arme und Hände mit ein. In diesem Prozeß ist die körpernahe Bizepssehne am Oberarmkopf als Folge der Leistungsverkürzung einem enormen Reibungsvorgang unterworfen.

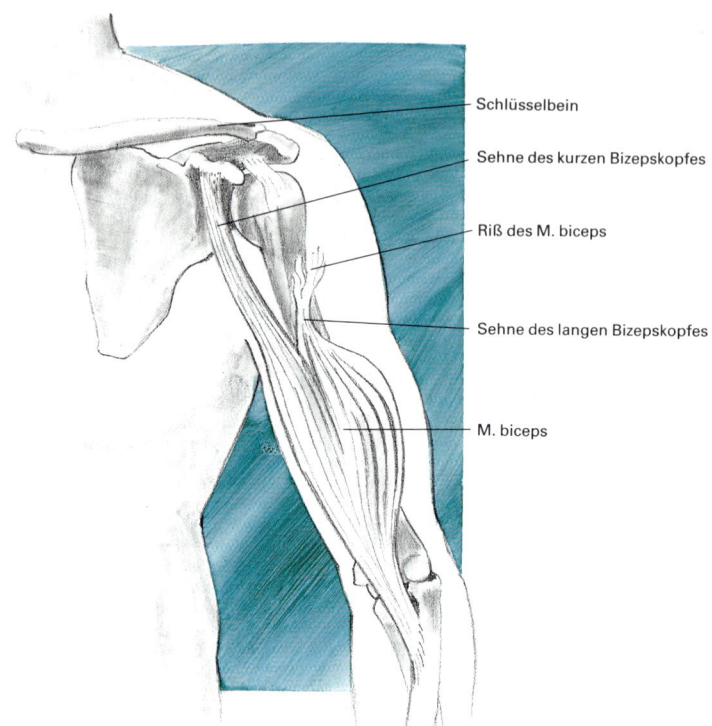

Schlüsselbein

Sehne des kurzen Bizepskopfes

Riß des M. biceps

Sehne des langen Bizepskopfes

M. biceps

Abbildung 65: Zerrüttungsruptur der leistungsverkürzten langen und körpernahen Bizepssehne durch erhöhte Reibung im Knochenkanal.

In der Spätform der Erkrankung kann die proximale Bizepssehnenruptur eintreten *(Abbildung 65)*.
Bei allen Arbeiten des täglichen Lebens wird die beugeseitige Schultermuskulatur gefordert (*M. biceps* und Brustmuskulatur). Die sekundäre Verkürzungswirkung ist wesentlich verantwortlich für das langsame Abweichen der Schultergelenke nach vorn (Brustbeinbelastungshaltung).
Auch für den Läufer erscheint es ratsam, im Verlauf der beugeseitigen Schultermuskulatur nach der Intensivstretchingmethode vorzugehen.

Sehnenscheidenreizungen der Unterarme und Hände
sind in der Regel Folge einer Verkürzung der Leistungsmus-

kulatur mit Einleitung der ersten Degenerationsstufe durch den chronischen Sauerstoffmangel. Der Faustschluß stellt die typische Anpassung einer Gelenkeinheit an Arbeit und Sport (siehe Tennis) dar. Die Folge ist das gehäufte Auftreten von Funktionsstörungen im Verlauf der verkürzten Streck- und Beugesehnen.

Repitive Strain Injury (RSI) lautet die Berufskrankheit von morgen. Dabei handelt es sich um Verletzungen speziell der Hand durch wiederkehrende Bewegungen im Verlauf der Muskel-Sehnen-Kette.
Durch die Intensivstretchingmethode kann hier eine wirksame Prävention erreicht werden.

Ein Langstreckenläufer hat bei der Lokalisation der Dehnungsanwendung vor allem die überbeanspruchten Muskelschlingen der Beine zu berücksichtigen.

4

Abbildung 66 (links): Der Vorfußläufer ist beim Leistungsanspruch an Wadenmuskulatur und Achillessehnen mit einer Ballettänzerin zu vergleichen.
Abbildung 67 (rechts): Extrembelastung von Wadenmuskulatur und Achillessehnen bei der Rhythmischen Sportgymnastik.

Der Vorfußläufer ist gut beraten, wenn er ein verstärktes Augenmerk auf die verkürzte Achillessehne und auf die Beugesehnen im Verlauf der Fußsohle richtet *(Abbildung 66)*.

Hochhackige Schuhe sollten speziell von Frauen, die Vorfußläufer sind, gemieden werden. Jede Hackenerhöhung läßt die Achillessehne schrumpfen. Nächtliche Wadenkrämpfe können die Folge sein *(Abbildung 67)*.

Im Sprint kommt der muskuläre Antrieb aus der Gesäßmuskulatur sowie aus dem rückwärtigen Oberschenkel *(Mm. ischiocrurales),* und entsprechend häufig sind in

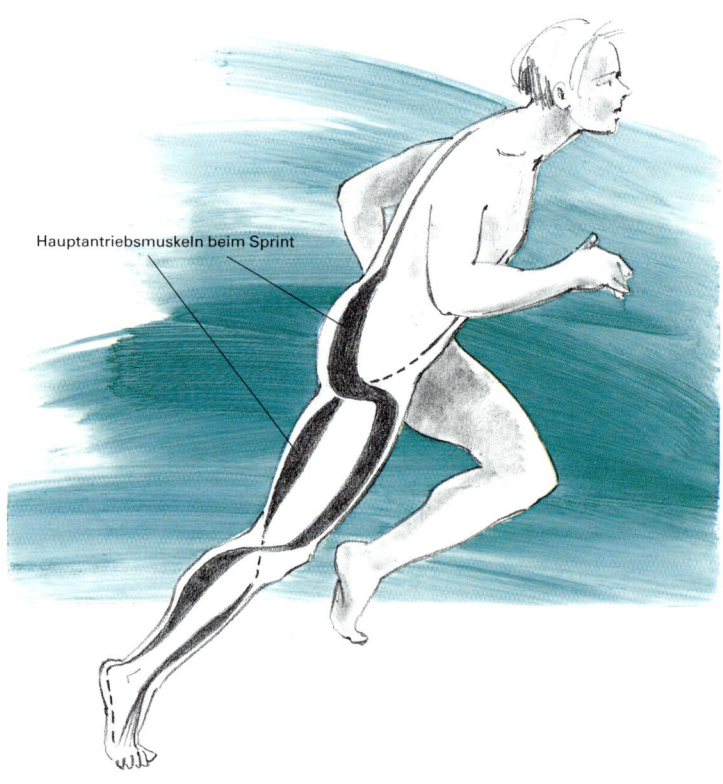

Hauptantriebsmuskeln beim Sprint

Abbildung 68: Im Sprint wird der Körper über das Gesäß und die rückwärtige Oberschenkelmuskulatur (ischiocrural) beschleunigt.

72

diesem Bereich Zerrungen und Risse anzutreffen *(Abbildung 68)*.

Beim Bergauflauf und Treppenlauf wird speziell der Treppensteigermuskel *(Glutæalmuskulatur)* beansprucht. Wird beim Bergauflauf der Fuß über Ferse und Vorfuß korrekt abgerollt, so profitiert hiervon die verkürzte Achillessehne (Rückbildung von Zerrungen), weil auf diese Art eine intermittierende Dehnung erfolgt. Im steilen Gelände ist jedoch die Vorfußbelastung gefragt, nach dem Lauf muß aber betont auf den Längenausgleich der Achillessehne wert gelegt werden.

In einer längeren Bergablaufphase *(Abbildung 69)* muß die Schubwirkung des Oberschenkels zum Schienbeinkopf über die Kreuzbänder stabilisiert werden. Muskuläre Unterstützung erfahren sie durch das innere Muskelpotential *(Adduktoren, M. vastus medialis, M. gracilis, M. sartorius)* sowie in der äußeren Führung (*M. vastus lateralis* und *M. tractus ileotibialis*).

Das starke Abstoppen des Fußes beim Abrollen talwärts kann zu einer großen Belastung und Verkürzung im Verlauf der Unterschenkelstreckmuskulatur *(M. tibialis aterior, M. extensor digitorum longus)* führen.

4

Abbildung 69: Hohe Beanspruchung der äußeren und inneren Muskelgruppen am Oberschenkel beim Bergablauf.

Abbildung 70: Beim Hürdenlauf wird eine hohe Flexibilität der Ischiocruralmuskulatur, aber auch der beugeseitigen Hüftmuskulatur gefordert.

Beim Hürdenlauf wird wie beim Sprint die Gesäß- und Oberschenkelmuskulatur im Verlauf der Rückseite gefordert. Der Bewegungsablauf an der Hürde ist aber wesentlich geprägt durch die Geschmeidigkeit im Verlauf der ischiocruralen Muskelabschnitte, wobei im Moment der Absprungphase auch eine optimale Flexibilität der Hüftbeugemuskulatur vorliegen muß. Die Arbeit an der Hürde und der flüssige Bewegungsablauf werden wesentlich über die gezielte und wiederholte Dehnung beeinflußt *(Abbildung 70)*.

Über Stretching kann die Schrittlänge wesentlich beeinflußt werden. Speziell auf der Mittelstrecke spielt die Schrittlängenerweiterung über die gezielte und wiederholte Dehnung eine entscheidende Rolle.

Auch die Verweildauer des Fußes ist grundsätzlich abhängig von der Geschmeidigkeit der Unterschenkelmuskulatur, speziell im Verlauf der Achillessehne. Je größer die Flexibilität dieses Sehnenabschnittes ist, um so länger kann die Fußsohle am Boden behalten werden, wodurch eine Stärkung des Bewegungsimpulses über den Bodenkontakt abgeleitet werden kann.

Intensivstretching schützt vor Unfällen: Die Geschmeidigkeit der gesamten Bein- und Fußmuskulatur unterhält kontinuierliche Bewegungsabläufe und stellt einen wirksamen Schutz gegen Sturzeinwirkungen dar. Distorsionen können optimal kompensiert werden.

Die beiden grundlegenden Formen der Intensivstretchingmethode

Der Widerstand auf die Dehnungswirkung beim Stretching im Muskel wird von den bindegewebigen Anteilen erbracht. Auch Sehnenbänder und Kapseln sind dehnbar, allerdings fällt die plastische Verformung geringer als im Muskel aus.

Für die Verbesserung der Elastizität im Verlauf der Muskel-Sehnenkette ist das neuromuskuläre Steuerungsverhalten von Bedeutung. Muskeltonus und Eigenspannungsvermögen werden über Spindeln (Rezeptoren) gesteuert, die auf Dehnung und Spannung ansprechen und über eine sensible, motorische Nervenbahn einer zentralen, nervösen Steuerung unterliegen. Hierdurch erfolgt die Aufrechterhaltung des allgemeinen Grundtonus des Stütz- und Bewegungsapparates, der für die Körperhaltung und für die Positionsbestimmung der Gelenke bedeutungsvoll ist.

Spannungsfühler (Dehnungsrezeptoren) sind zum einen im Muskelverlauf und zum anderen in der Sehne am muskulotendinösen Übergang anzutreffen. Die Reizschwelle in den Sehnenspindeln ist allerdings wesentlich höher als in den Dehnungsrezeptoren des Muskels. Aufgabe dieser Rezeptoren ist es, die Gelenkeinheit vor Verletzungen und Zerrungen zu schützen. Erfährt nämlich ein Muskelabschnitt eine plötzliche, starke Überdehnung, wird über den Dehnungsreiz der Muskelspindel eine akute Kontraktion ausgelöst mit dem Ziel, den Bewegungsablauf zu stoppen, weil nur auf diese Art die regionale Gelenkeinheit vor einer Verletzung bewahrt werden kann. In einer Grundform des Stretchings wird dieses neuromuskuläre Verhalten berücksichtigt. Über eine langsame und behutsame Gelenkeinstellung erreicht man, daß der Dehnungsreflex des Muskels ausgeschaltet wird, so daß es zu keiner störenden Kontraktion kommt. Das Gelenk wird über die statische Dehnungsposition in Extremstellung gehalten, wobei eine betont passive Ausziehung folgen kann, ohne daß jedoch die Schmerzgrenze überschritten wird.

Die wichtigste Grundvoraussetzung beim Stretching ist die äußerst behutsame und langsame Bewegungsfolge bis zur Einnahme der Endposition.

Muskuläre Ermüdung nach einem intensiven Training setzt die Empfindlichkeitsschwelle der Muskelspindel herab, so daß schon bei leichten Stretchingübungen eine vorzeitige Dehnungshemmung eintritt.

Praktischer Rat für den Läufer nach intensivem Training: äußerste Schonung bei der Einnahme der Dehnungspositionen. Auch am Morgen ist die Empfindlichkeitsschwelle herabgesetzt, so daß kurz nach dem Aufstehen beim Stretching mit Vorsicht vorgegangen werden sollte.

Unsere Muskulatur als Motor des Bewegungssystems ist einem Regelmechanismus in Form des neuroarthromuskulären Funktionskreises (NAM) unterworfen. Die spindelförmigen Rezeptoren senden ihre sensiblen Informationen an die motorischen Vorderhornzellen des Rückenmarks (Reglerzentrum), und über diese Propriorezeptoren (Eigenrezeptoren) kann die selbständige Regulierung der Spannung mit Anpassung an die notwendige Lage und Situation ermöglicht werden *(Abbildung 71)*.

Die Muskelspindeln als sensomotorische Einrichtung sind in die Muskelfasern eingelagert und reagieren bei jeder Längenzunahme des Muskels (Dehnung), während sie bei Kontraktionen nicht ansprechen. Man spricht erst dann vom Stretching, wenn dieser Dehnungsreflex des Muskels umgangen wird.

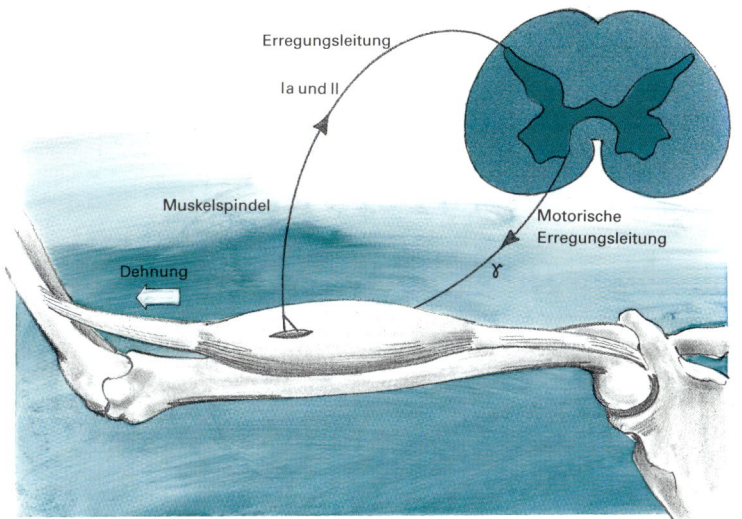

Abbildung 71: Neuromuskuläre Reflexbogen zur Regulierung einer notwendigen Grundspannung in der Skelettmuskulatur zur Aufrechterhaltung einer bestimmten Gelenk- und Körperhaltung.

Eine äußerst langsam eingenommene extreme Gelenkstellung vermeidet die Reizung der Muskelspindel (Dehnungsreflex), und die sekundäre Kontraktion entfällt.

Beim passiven Stretching wird die Gelenkeinheit langsam in die Extremstellung geführt und unter Ausnutzung äußerer Kräfte (Wanddruck oder Partner) eine intensivere Dehnungsposition angestrebt, ohne daß die Schmerzgrenze überschritten wird.

Ein zweites Regelsystem geht von den Sehnenspindeln aus, die gehäuft am Übergang des Muskels zur Sehne zu finden sind.

Die Sehnenspindeln sprechen zunächst auf Spannung an und schützen somit den Muskel vor Verletzungen. Sie reagieren zusätzlich entspannend auf ihren Muskelabschnitt, ihre Reizschwelle liegt jedoch wesentlich höher als in den Rezeptoren im Muskel *(Abbildung 72)*.

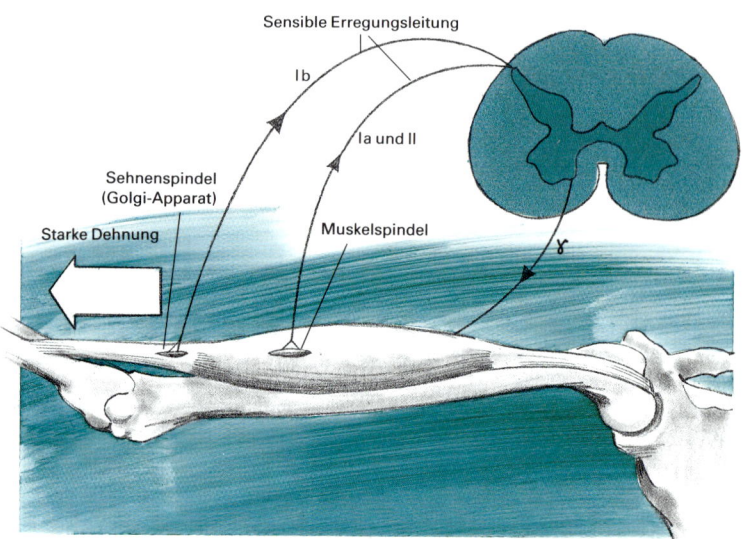

Abbildung 72: Reflexbogen mit Rezeptorwirkung der Sehnenspindel (Golgi-Apparat) und Auslösen einer ergänzenden Entspannung auf den Muskel.

Wird die höhere Reizschwelle der Sehnenspindel erreicht, so bewirkt der sensible, motorische Reflexbogen eine Umkehrwirkung (inverser Dehnungsreflex) auf die Muskelkontraktion mit zusätzlicher Entspannung.

Beim Intensivstretching nutzt man diese Umkehrwirkung auf den Muskel auf zweierlei Art:

Passivstretching in ausgedehnter Form Durch Umgehung des Dehnungsreflexes des Muskels und unter gleichzeitiger Reizung der Sehnenspindel über verstärkte Dehnung (inverser Dehnungsreflex) wird eine zusätzliche Entspannungswirkung auf den maximal gedehnten Muskel ausgelöst. In der Extremstellung reguliert das Schmerzsymptom die Gelenkstellung. Die Schmerzgrenze sollte nicht überschritten werden.

Anspannungs-/Entspannungstechnik (Contrakt-Relax-Methode) beim Stretching Dieses Vorgehen wurde auch als PNF-Verfahren bekannt (proprioceptive neuromuskuläre Förderung), da das Verhalten der Eigenrezeptoren der Muskel-Sehnenkette berücksichtigt wird. Die Reizung der Sehnenspindel erreicht man in diesem Fall nicht über eine maximale Muskeldehnung, sondern über die intensive isometrische Muskelanspannung. Vor Beginn der Dehnung wird die regionale Muskelgruppe isometrisch angespannt und über sieben Sekunden gehalten, es folgen zwei bis drei Sekunden Entspannung mit anschließender Dehnung bis an die Schmerzgrenze über sieben Sekunden.

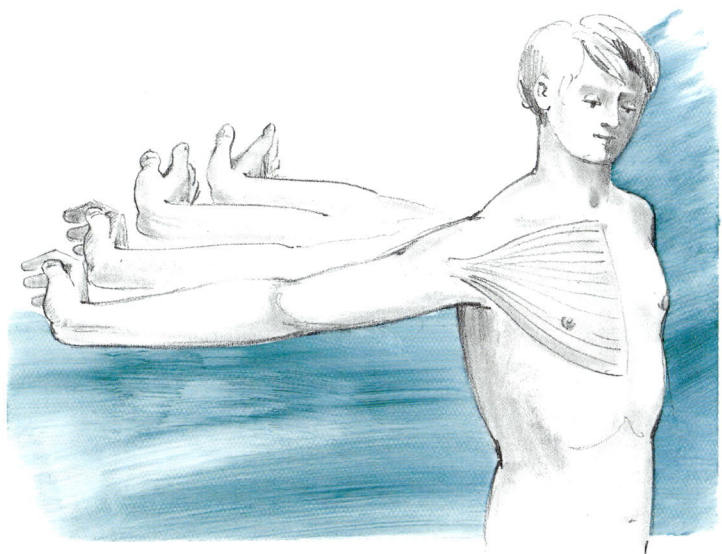

4

Abbildung 73: Variable Bewegungsamplituden einer Gelenkeinheit.
1. Schnelle ballistische Bewegung reizt die Muskelspindel mit Verkürzungswirkung und geringem Bewegungsausschlag.
2. Langsame Armbewegung unter Ausschaltung des Muskelstreckreflexes ermöglicht größere Bewegungsamplitude.
3. Passiver Zug über Partner oder Abstützen an der Wand nutzen Zusatzspannung über Reizung der Sehnenspindel.
4. Ausnutzung der Entspannungswirkung über Reizung der Sehnenspindel nach isometrischer Anspannung und anschließender Dehnung (CHRS-Technik).
Die Positionen 3 und 4 werden als Stretching bezeichnet.

Die Entspannungswirkung auf den Muskel ist um so stärker, je intensiver die anfängliche Muskelkontraktion (isometrisch) vorgenommen wird.

Der Bewegungsumfang bestimmter Gelenkeinheiten (etwa in der Schulterregion) in einer speziellen Bewegungsebene ist wesentlich abhängig vom Zustand der Flexibilität der Agonisten oder Antagonisten. Dabei empfiehlt es sich, bei Kontrollbestimmungen stets nach der passiven Stretchmethode vorzugehen. Unter Berücksichtigung des neuroarthromuskulären Regelmechanismus kann bei unterschiedlichem Vorgehen jede Gelenkeinheit in vier Positionen gebracht werden *(Abbildung 73)*.

Die Dehnungswirkung läßt sich noch weiter steigern, wenn über Selbstbeobachtung die psychische Entspannung kontrolliert und der Spannungszustand des Muskels in die Bewußtseinsebene mit einbezogen wird: Entspannungsmethode (Relaxationsmethode).

Streß verstärkt die Muskelanspannung signifikant. Besonders Negativstreß kann optimal durch die Intensivstretchingmethode ausgeglichen werden.

Durch die Änderung der Empfindlichkeit der Muskelspindel nach Ermüdung und am Morgen sollte wie erwähnt die Dehnungsposition mit äußerster Vorsicht angegangen und jede Form einer ballistischen Gymnastik vermieden werden. Diese Aussage deckt sich auch mit der Empfehlung, die betonte Ausgleichdehnung *nach* dem Lauftraining oder zumindest nach einer fünfminütigen Warmlaufphase vorzunehmen.

Vorsicht beim Stretching im Freien und bei kalten Außentemperaturen, weil die allgemeine Beweglichkeit durch zusätzliche Verkürzung der Leistungsmuskulatur abnimmt, so daß die Verletzungsgefahr deutlich heraufgesetzt ist.

Bei Frauen ist die Gelenkbeweglichkeit wegen des höheren Oestrogenspiegels und durch die geringere Gewebsdichte der Muskel-Sehnenkette bis zu den Wechseljahren erhöht, so daß erst im letzten Lebensdrittel vermehrt an die Ausgleichdehnung gedacht werden sollte.

Im Alterungsprozeß kommt es zu einer Reduzierung der allgemeinen Flexibilität durch Abnahme der elastischen Elemente in den Sehnen-, Band- und Kapselstrukturen, so daß speziell im letzten Lebensdrittel dem gezielten Elastizitätstraining (ISM) mehr Bedeutung eingeräumt werden sollte.

> • Über die Intensivstretchingmethode kann die altersbedingte Einbuße der allgemeinen Flexibilität entscheidend begrenzt werden.
> • Ein permanentes Beweglichkeitstraining trägt wesentlich zur Vermeidung von Unfällen bei, denn bei abrupten Bewegungsänderungen (Unfällen) kann eine elastische Muskulatur schnell kompensieren und abstützen.
> • Die Einnahme einer neuen Gelenkstellung zur Vermeidung von Unfällen wird optimal über einen elastischen Muskel-Sehnenapparat gestreut.
> • Intensivstretching ist auch im letzten Lebensdrittel zur Aufrechterhaltung von Beweglichkeit und Elastizität anzuraten.

4

Bestimmung der verkürzten Muskulatur beim Läufer durch Flexibilitätstests

Intensives Lauftraining im Ausdauerbereich führt zu einer speziellen Verkürzung im Verlauf der steuernden Muskulatur. Der Bewegungsumfang eines Gelenkes wird primär von der anatomischen Formgebung der korrespondierenden Gelenkflächen bestimmt. Eine Reduktion des Bewegungsumfanges kann Folge degenerativer Knorpel- und Gelenkveränderungen durch Ausbildung von Randzacken *(Osteophyten)* sein. Bei der manuellen Prüfung der Gelenkbeweglichkeit signalisiert ein harter Bewegungsstopp als Folge eines knöchernen Anschlages den Grenzwert.

Die Gelenkbeweglichkeit wird neben der knöchernen Begrenzung vorwiegend von der Elastizität komplexer Muskel-Sehnenstrukturen im Verlauf der Agonisten und Antagonisten sowie Kapselbandstrukturen bestimmt. In diesem Fall zeigt die Bewegungsprüfung im Flexibilitätstest im Gegensatz zum knöchernen Anschlag eine weich-elastische Grenzzone, weil die Extremstellung des Gelenkes durch gedehnte Muskel-Sehnenstrukturen bestimmt wird.

Beim Läufer gilt unsere Aufmerksamkeit zunächst dem Dehnungsvermögen des Hüft-Lendenmuskels »Mister I« *(M. ileopsoas)*, weil bei einer Vernachlässigung der Intensivstretchingmethode davon ausgegangen werden kann, daß eine chronische Verkürzung dieses Muskelabschnittes vorliegt.

Flexibilitätstest 1 (Abbildung 74)

Zur Prüfung der Dehnungsfähigkeit der beugeseitigen Hüft-Lendenmuskulatur, speziell »Mister I« *(M. ileopsoas)*

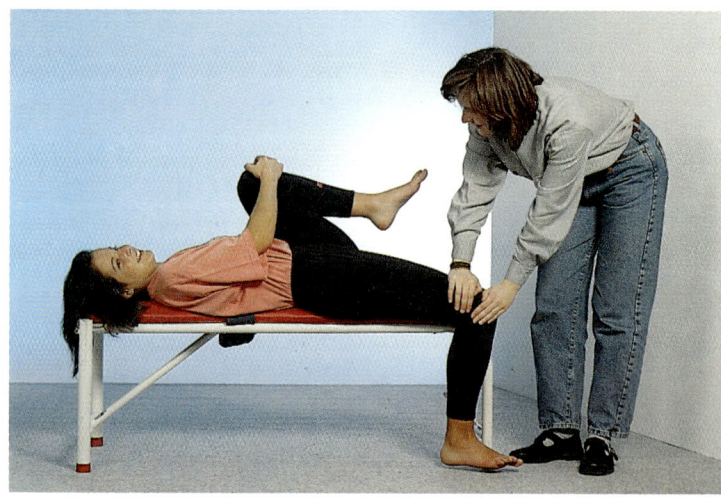

Abbildung 74: Eine optimale Dehnungsfähigkeit der Hüft-Lendenmuskulatur liegt in Rückenlage vor, wenn das Hüftgelenk maximal gestreckt werden kann, wobei das Knie der Gegenseite extrem zur Brustwand gezogen wird. Das Anheben des gestreckten Oberschenkels weist auf eine Verkürzung hin.

Flexibilitätstest 2 (Abbildung 75)

Prüfung der Dehnungsfähigkeit der Oberschenkelstreckmuskulatur, speziell im Verlauf des mittleren Oberschenkel-
muskels *(M. rectus femoris)*

Abbildung 75: Im Stehen wird über Zug am Fuß das im Kniegelenk gebeugte Bein nach hinten gezogen. Ein 180-Grad-Winkel im Hüftgelenk weist eine gute Flexibilität der Oberschenkelstreckmuskulatur aus. Eine Hohlkreuzbildung und ein Abkippen des Beckens nach vorne sollten vermieden werden.

4

Flexibilitätstest 3 (Abbildungen 76 bis 78)

Prüfung der Flexibilität der Achillessehnen und der spinalen
Rückenmuskulatur. Die »asiatische Hocke« ist ein Muß für
jeden Läufer, wenn er das wiederholte Auftreten von Funktionsstörungen im Bereich der Achillessehnen vermeiden will
(Abbildung 76).

Abbildung 76: Die tiefe Entspannungshocke beweist eine ausreichende Elastizität der Wadenmuskulatur, der Achillessehne und der spinalen Rückenmuskulatur. Je geringer der Sitzbein-Fersenbeinabstand (optimal Handbreite), um so größer die Flexibilität.

Abbildung 77: Die typische europäische Hocke beweist die Verkürzung der Wadenmuskulatur und der Achillessehne einschließlich der tiefen Rückenmuskulatur.

Abbildung 78: Beim Versuch der vollkommenen Hocke mit Absenken der Fersenregionen verlagert sich zwangsläufig über den verstärkten Zug der verkürzten Achillessehnen der Körperschwerpunkt nach hinten, und der Sturz auf den Rücken ist nicht zu vermeiden.

Flexibilitätstest 4 (Abbildungen 79 bis 81)

Prüfung der Flexibilität der ischiocruralen Muskulatur.
Zu achten ist bei der Rumpfbeuge aus den Hüftgelenken auf die aufrechte Stabilisation des Rückens, um größere Bandscheibenbelastungen zu vermeiden. Daher sollten Wiederholungsdehnungen in dieser Art vermieden werden.

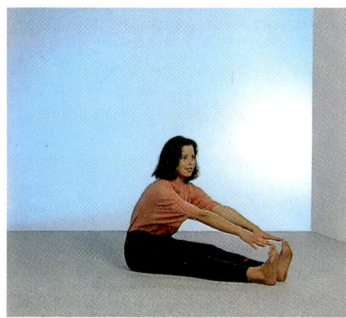

Abbildung 79: Im Sitzen wird der gerade Oberkörper bei gestreckten Kniegelenken nach vorne geführt. Ein Fingerkuppen-Zehenkontakt beweist eine gute Flexibilität der ischiocruralen Muskulatur. Der Handgelenk-Zehenkontakt beweist eine sehr gute Flexibilität dieser Muskeleinheit.

Abbildung 80: Optimal erfolgt die Dehnung der ischiocruralen Muskulatur bei senkrechter Beinposition im Türrahmen. Die Rückenlage verhindert die schädliche Bandscheibenbelastung.

Abbildung 81: Gefährlich ist dieser Dehnungstest im Stehen mit federnden Bewegungen wegen der hohen Wirbelsäulenbelastung.

Über diese Flexibilitätstests ist jedem Sportler und jedem Therapeuten ein einfaches Kontrollsystem an die Hand gegeben, um rechtzeitig die überforderte Muskulatur erkennen zu können. Mit der exakten Bestimmung der verkürzten Arbeitsmuskulatur ist es dann ein leichtes, durch Intensivstretching dafür Sorge zu tragen, daß eine Verbesserung der Bewegungsamplitude angestrebt wird. Mit Hilfe der Flexibilitätstests können die Fortschritte bei der Intensivstretchingmethode problemlos beobachtet und dokumentiert werden. Beweist ein Dehnungstest eine optimale Flexibilität, so kann der Zeitrhythmus (zwei Stunden) des praktischen Stretchings durchaus vergrößert werden.

Wie erwähnt kann man bei der praktischen Umsetzung des Stretchings grundsätzlich auf zweierlei Art vorgehen:

- Passives Stretching in ausgedehnter Form.
- Anspannungs- und Entspannungstechnik.

Abbildung 82: Dehnung Hüft-Lendenmuskel »Mister I« (M. ileopsoas) im Liegen. Ein Bein ist im Hüftgelenk maximal gestreckt, und die Gegenseite wird über das gebeugte Kniegelenk zur Brust gezogen.

Abbildung 83: Verstärkte Dehnung von »Mister I« über die gleiche Position wie Abbildung 82, betonte Hüftstreckung über Zug am Fuß.

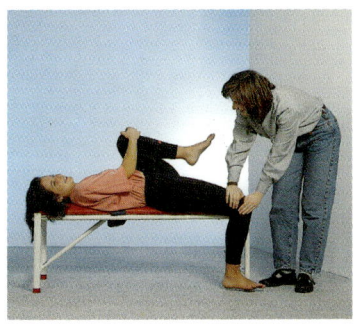

Abbildung 84: Gleiche Position wie Abbildung 82 mit zusätzlichem Druck auf den gestreckten Oberschenkel.

Abbildung 85: Dehnung von »Mister I« mit gebeugtem Kniegelenk am Boden. Durch Druck vom Kniegelenk erfolgt zusätzlicher Streckimpuls auf das Hüftgelenk.

Abbildung 86: Dehnung Oberschenkelstreckmuskulatur im Einbeinstand. Das maximal im Kniegelenk gebeugte Bein wird mit Handzug vom Fußrücken nach hinten gezogen.

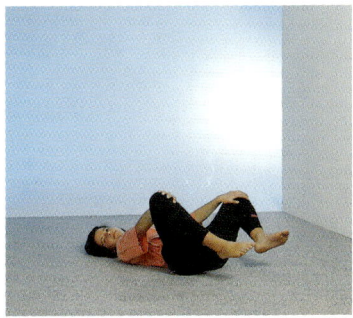

Abbildung 87: Dehnung der Adduktoren im Liegen. Von beiden Händen erfolgt ein zusätzlicher Druck von der Innenseite beider Kniegelenke nach außen.

5

Abbildung 88: Dehnung der Adduktoren im Stehen. Das maximal abgespreizte Bein erfährt im Verlauf der Adduktoren einen weiteren Dehnungsimpuls durch leichte Kniebeuge im Standbein.

Abbildung 89: Dehnung der ischiocruralen Muskulatur im Liegen. Rückenlage im Türrahmen, das nach oben geführte Bein wird maximal im Kniegelenk gestreckt. Die Dehnungsintensität richtet sich nach der Stellung des Beckens im Türrahmen.

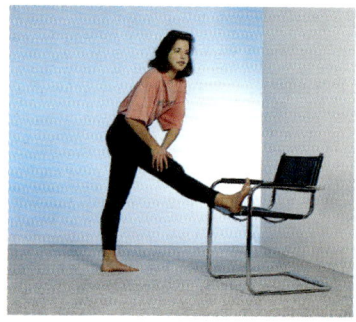

Abbildung 90: Dehnung der ischiocruralen Muskulatur im Stehen. Das gestreckte Bein wird auf eine Stuhlfläche gelegt, Beugung des geraden Rückens nach vorn durch zusätzliche Abstützung beider Hände auf dem Oberschenkel.

Abbildung 91: Dehnung der Gesäßmuskulatur. Im Sitzen wird das untere Bein im Kniegelenk gebeugt zur Außenseite auf den Boden gelegt. Der Unterschenkel des anderen Beines wird über die Streckseite des unteren Oberschenkels geführt und über Gegendruck von der Armrückseite zur Außenseite gezogen.

Abbildung 92: Dehnung Gesäßmuskulatur. Hockposition mit Abstützen der Ellbogen auf einer Sitzfläche. Das übergeschlagene Bein wird auf dem Oberschenkel verankert und durch Druck zur Außenseite eine maximale Dehnung der Gesäßmuskulatur angestrebt.

Abbildung 93: Dehnung der Unterschenkelstreckmuskulatur. Kniende Position am Boden, beide Füße sind maximal gestreckt und erhalten über Abstützen des Gesäßes einen weiteren Streckimpuls.

Abbildung 94: Dehnung Unterschenkelstrecker und Zehenstrecker. Die Dehnung der Unterschenkelstrecker und speziell der Zehenstrecker wird dadurch erhöht, daß ein Bein im Kniegelenk angehoben und so speziell ein zusätzlicher Dehnungsimpuls auf die Zehenstrecker ausgelöst wird.

Abbildung 95: Dehnung der Wadenmuskulatur Mitte. Beide Unterarme werden an einer Wand abgestützt. Das vordere Bein ist im Kniegelenk gebeugt, das hintere Bein im Kniegelenk gestreckt, die Ferse bleibt am Boden. Die Dehnungsintensität richtet sich nach der Beugeposition des vorderen Kniegelenkes.

Abbildung 96: Dehnung der Wadenmuskulatur innen. Gleiches Vorgehen wie bei Abbildung 95, nur ist der hintere Vorfuß 30 bis 40 Grad nach innen gedreht.

Abbildung 97: Dehnung Wadenmuskulatur außen. Gleiches Vorgehen wie bei Abbildung 95, nur ist der hintere Vorfuß 30 bis 40 Grad nach außen gedreht.

Abbildung 98: Dehnung der Achillessehne. Der Schwerpunkt der Dehnung verlagert sich von der Wadenmuskulatur in die Achillessehne, wenn das hintere Kniegelenk gebeugt wird. Dazu stützen diesmal nur die Hände an der Wand ab, wodurch der Oberkörper aufgerichtet wird; das vordere Kniegelenk ist gebeugt.

Abbildung 99: Dehnung Achillessehne, Fußsohle und Zehenbeuger. Der Schwerpunkt der Dehnung verlagert sich in die Fußsohle, wenn die Beugung im Kniegelenk maximal verstärkt wird und alle Zehen in extreme Streckposition geführt werden.

Abbildung 100: Dehnung Wadenmuskulatur und Achillessehne. Optimale Dehnungsmöglichkeit auf jeder Treppe, auf jeder Rolltreppe unter Verwendung einer rutschfesten Schuhsohle durch Absenken der Ferse über den Treppenrand. Auf diese Art kann jede Pause optimal zur Achillessehnendehnung genutzt werden.

Abbildung 101: Dehnung Achillessehne und spinale Rückenmuskulatur. In der optimalen »asiatischen Hocke« erfolgt eine maximale Dehnung beider Achillessehnen und der spinalen Rückenmuskulatur. Mit dieser Hockposition liegt gleichzeitig eine ideale Pausenhaltung vor.

Kapitel 6
Grundlagenausgleich
für Läufer

Ausgleichsgymnastik für Läufer

Jede Form einer Ausgleichsgymnastik muß solche Muskelgruppen aufbauen, die aufgrund medizinischer Erfahrungen und unter Berücksichtigung der spezifischen Sportbelastung (Läufer) sowie der allgemeinen Berufsbelastung nicht ausreichend trainiert werden.

Häufige Sitzbelastung im Beruf schwächt die gesamte Rumpfmuskulatur:
• die Rückenmuskulatur mit Schwerpunkt Halswirbelsäule und Lendenwirbelsäule,
• die Bauchmuskulatur,
• die Gesäßmuskulatur.

Sportmedizinische Untersuchungen haben ergeben, daß selbst Spitzensportler über eine zu schwache Rückenmuskulatur verfügen. Jede sinnvolle Ausgleichsgymnastik für Läufer hat sich somit schwerpunktmäßig auf diese Muskelgruppen zu konzentrieren.

Jeder Läufer sollte permanent am Aufbau seines »Muskelkorsetts« arbeiten.
Dieses Programm rundet jede Rückenschule ab, denn nur mit einer kräftigen Rücken- und Bauchmuskulatur sind wir in der Lage, über längere Zeit im Büro oder im Auto bandscheibenentlastend und in aufrechter und dynamischer Form zu sitzen.

Auch das Heben und Tragen von Lasten kann nur dann optimal vonstatten gehen, wenn die gesamte Rumpfmuskulatur ausreichend stabilisiert ist.

Ein Läufer ist gut beraten, bei jeder Gymnastik solche Muskelgruppen zu schonen, die ohnehin beim Lauftraining ständig überfordert werden:

• Hüftbeugemuskulatur unter Betonung von »Mister I« und der gesamten Oberschenkelstreckmuskulatur mit Schwerpunkt mittlerer Oberschenkelmuskel *(M. rectus femoris).*
– Keine Hüftbeugeübungen, besonders mit gestreckten Kniegelenken.
– Kein Bauchmuskeltraining mit gestreckten Beinen.
– Kein »Klappmesser«, da hierdurch der ohnehin verkürzte *M. ileopsoas* in eine stärkere Verspannung gerät.

• Wadenmuskulatur und Achillessehne.
– Keine Übungen, die einen vermehrten Fußspitzenstand erfordern, weil hierdurch die Achillessehnenverkürzung weiter verstärkt wird *(Abbildung 102).*
– Vorsicht mit hochhackigen Schuhen!

6

Im muskulären Krafttraining wird üblicherweise von den Begriffen Set (Satz) und Reps (Repetition = Wiederholung) ausgegangen.

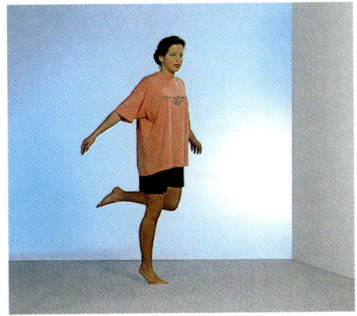

Abbildung 102: Fußspitzenstand mit Verkürzung der Wadenmuskulatur und der Achillessehnen, die ohnehin beim Läufer chronisch überfordert und verkürzt sind.

Ein bestimmter Übungsteil wird in einem Set zusammengefaßt, wobei mehrere Sätze einander ablösen können.
Skandinavische Sportuntersuchungen haben ergeben, daß sieben Wiederholungen (Reps) in einem Set einen optimalen Kraftzuwachs ergeben, wobei ein bestimmter Übungsteil durchaus aus vier bis fünf Sets bestehen kann.

> **Ausdauer und Kraft:** Mehrere Wiederholungen (Reps) mit geringer Belastung fordern die Ausdauer, wenige Wiederholungen mit großer Belastung die maximale Kraft.

Nach Beendigung eines Sets folgt die nächste Übung, um andere Muskelgruppen zu trainieren, und nach zwei bis drei Minuten kann durchaus das Anfangsset wiederholt werden, so daß eine Muskelgruppe über fünf Sets angesprochen werden kann.
Nach der Gymnastik oder nach jedem Set drängt sich ein Ausgleich in Form der gezielten Dehnung auf. Im Vordergrund steht der gezielte Längenausgleich der gesamten Rückenmuskulatur, weil schon der Arbeitsalltag gezeigt hat, daß im Halswirbelsäulen- und Lendenwirbelsäulenabschnitt die meisten Verspannungen auftreten.
In diesem Zusammenhang kann die nur wenig Zeitaufwand beanspruchende Intensivstretchingmethode problemlos auch in den Arbeitsalltag im Zweistundenrhythmus eingebaut werden.

Bildliche Darstellung der Ausgleichsgymnastik

Abbildung 103: In Bauchlage siebenmal Heben des Kopfes aus Beugeposition gegen den Handdruck bis zur Horizontale – eine Überstreckung des Kopfes in der Halswirbelsäule sollte in jedem Falle vermieden werden.

Abbildung 104: In Bauchlage siebenmal Heben der Arme seitlich mit jeweils 2-kg-Handgewichten.

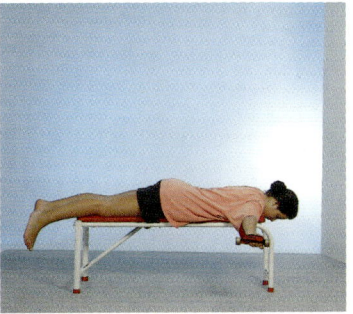

Abbildung 105: Siebenmal Heben mit 2-kg-Handgewichten 45 Grad Armstellung nach oben.

6

Abbildung 106: Siebenmal Heben mit 2-kg-Handgewichten in 45 Grad Armstellung nach unten.

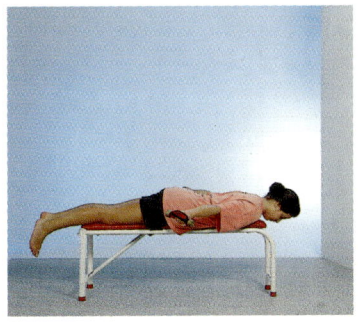

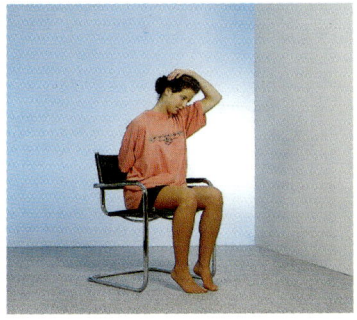

Abbildung 107: Ausgleichsdehnung nach der Intensivstretchingmethode. Im Sitzen wird der Kopf 45 Grad seitwärts nach vorne gezogen. Die Hand erzeugt über die Lehne einen Gegenzug. Wiederholung Gegenseite.

Abbildung 108: Siebenmal Heben des Oberkörpers, gerade bis zur Horizontalen, eine Überstreckung über die Horizontale sollte in jedem Fall vermieden werden.

Abbildung 109: Siebenmal schräges Anheben des Oberkörpers bis zur Horizontalen. Wiederholung Gegenseite.

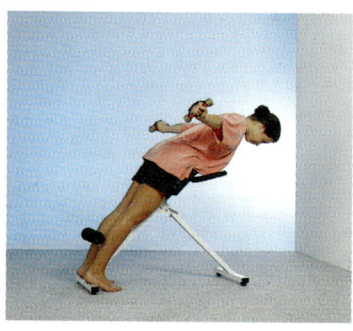

Abbildung 110: Siebenmal Anheben des Oberkörpers mit seitlicher Streckung der Arme mit Handgewichten.

Abbildung 111: Ausgleichsdehnung nach der Intensivstretchingmethode. »Asiatische Hocke« an der Wand, die Knie werden zur Bauchwand gezogen.

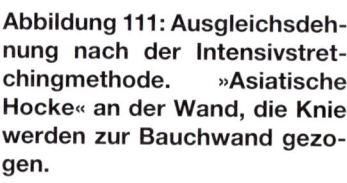

96

Abbildung 112: Tiefe Entspannungshocke mit Oberkörperverlagerung nach vorn.

Abbildung 113: Siebenmal in Bauchlage Beinstreckung bis kurz unter die Horizontale.

6

Abbildung 114: Ausgleichsdehnung nach der Intensivstretchingmethode. Im Türrahmen wird ein Bein senkrecht nach oben gestellt, die Dehnungsintensität richtet sich nach der Stellung des Beckens im Türrahmen.

Abbildung 115: Siebenmal in Rückenlage bei 90 Grad gebeugten Hüftgelenken Anheben des Oberkörpers. Beide Gewichte werden vor den Schultergelenken gehalten.

Abbildung 116: Siebenmal schräg rechts und links Anheben des Oberkörpers.

In dieser Ausgleichsgymnastik wurde bewußt auf das Training der beugeseitigen Schultermuskulatur *(M. biceps)* und der Brustmuskulatur verzichtet. Beide Muskelgruppen werden bei der täglichen Arbeit permanent gefordert und sind in der Regel verkürzt. Sie tragen wesentlich zur Dysbalance der Schultergelenke bei und fördern die schädliche Brustbeinbelastungshaltung.

Die beugeseitige Schultermuskulatur sollte deshalb betont nach der Intensivstretchingmethode – auch während der Arbeit im Zweistundenrhythmus – gedehnt werden *(Abbildungen 117, 118)*.

Abbildung 117 (links): Zur Bizepsdehnung wird der gestreckte Arm in Schulterhöhe nach hinten geführt. Über die betonte Kniebeuge verstärkte Dehnungswirkung.
Abbildung 118 (rechts): Zur Dehnung der vorderen Brustmuskulatur. Abstützen der Hand an der Wand oberhalb des Schultergelenkes, die Finger weisen schräg nach hinten. Dehnungsintensität über Kniebeuge steuern.

Ausgleichstraining für Läufer

Schon während des Laufvorganges können die unteren Extremitäten unterschiedlich belastet werden. Problemlos vollzieht sich ein Wechsel beim Abrollen des Fußes zwischen Fersen- und Vorfußbelastung, wodurch speziell die Achillessehne entlastet wird.

In übersichtlichem Gelände bieten sich Laufpassagen von 20 bis 30 Meter rückwärts an, so daß die Agonisten und Antagonisten zwischen konzentrischer und exzentrischer Belastung wechseln können *(Abbildung 119)*.
Bei jeder exzentrischen Arbeit (Vergrößerung zwischen Muskelursprung und Muskelansatz) ist der Kraftzuwachs größer als beim betont konzentrierten Training (Muskelursprung und -ansatz nähern einander).

6

Abbildung 119: Wiederholtes Rückwärtslaufen bewirkt eine variable Muskel- und Gelenkbelastung der unteren Extremität.

99

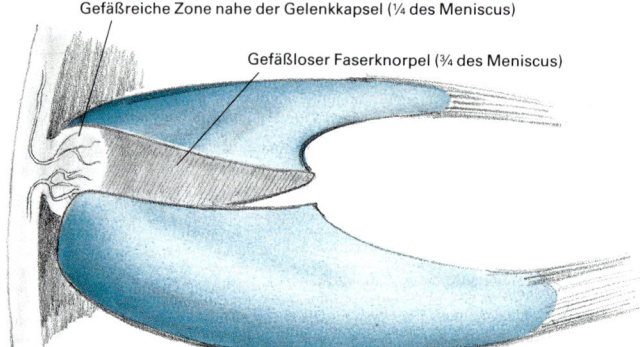

Gefäßreiche Zone nahe der Gelenkkapsel (¼ des Meniscus)

Gefäßloser Faserknorpel (¾ des Meniscus)

Abbildung 120: Das Meniskusgewebe ist nur zu einem Drittel direkt an die arterielle Blutversorgung angeschlossen.

Laufen mit 700- bis 800-Gramm-Knöchelgewichten (gut gepolstert) führt zu einer Änderung der Druckbelastung der Kniebinnenräume, wodurch speziell das Meniskusgewebe entlastet wird. Beim Anheben des hinteren Beines entsteht eine verstärkte Zugwirkung auf den Kniebinnenraum. In der Folge resultiert daraus ein verbesserter Walkvorgang auf das Knorpel- und Meniskusgewebe; das bradytrophe (schlechte Sauerstoffversorgung) Gewebe profitiert hiervon. Der Meniskus ist nur zu einem Drittel der Gefäßversorgung der Gelenkkapsel angeschlossen. Die inneren zwei Drittel weisen keine eigene arterielle Versorgung auf und werden ausschließlich von der umgebenden Gewebsflüssigkeit mitversorgt *(Abbildung 120)*.

Beim normalen Lauf überwiegt der Druck auf Meniskus und Gelenkknorpel. Über eine verstärkte Zugwirkung

Abbildung 121: Knorpel- und Meniskusgewebe werden beim Laufen mit Knöchelgewichten stark entlastet, und der Gewebsstoffwechsel wird dabei durch den Walkprozeß unterhalten.

von Knöchelgewichten ergibt sich eine Kraftform in umgekehrter Richtung. Der so entstehende Pumpmechanismus (Walkprozeß) kommt der verbesserten Nähr- und Sauerstoffaufnahme zugute. Dieses Vorgehen kann nach Meniskusverletzungen optimal zur Regeneration des Kniebinnenraumes genutzt werden *(Abbildung 121).*

Eine weitere Alternative stellt das Lauftraining mit 2-x-1-kg-Handgewichten dar. Der Laufstil ist variabel und schließt ein Training der Schultermuskulatur mit ein *(Abbildung 122).*

Bergläufe sind in vieler Hinsicht eine Bereicherung für jeden Läufer – allerdings nur, wenn achillessehnenschonend in der Aufstiegphase der Fuß vollständig über Ferse und Vorfuß abgerollt wird. Lediglich in steilen Bergpassagen wird die reine Vorfußbelastung gefordert. Nach dem Training muß speziell auf die Verlängerung der Achillessehne geachtet werden.

6

Abbildung 122 (links): Beim rhythmischen Lauf mit Handgewichten werden gleichzeitig große Muskelgruppen der Arme und Schultergelenke mit trainiert. – Abbildung 123 (rechts): Günstige Gelenkbelastung beim Bergauflauf durch geringe Geschwindigkeit und optimale Becken- und Wirbelsäulenstellung.

• In jeder Berg*auf*laufphase wird durch die optimale Körperstellung eine Bandscheibenentlastung ermöglicht. Die spezielle Beanspruchung der Gesäßmuskulatur bewirkt, daß die schädliche Rotationsstellung des Beckens nach vorne ausgeglichen wird *(Abbildung 123)*.

• Vorsicht ist beim Berg*ab*laufen geboten, denn bei schneller Gangart werden die Wirbelsäule und die Kniegelenke extrem belastet. Die Bergablaufphasen sollten möglichst kurz und in kontrolliertem Tempo vorgenommen werden *(Abbildung 124)*.

Unterschiedliche Schrittkombinationen können beim Berglaufen das Trainingsprogramm optimal variieren *(Abbildungen 125, 125 a, 125 b)*. Durch dieses Vorgehen werden die Gelenkflächen einer unterschiedlichen Belastung unterzogen, und einseitige Überforderungen von Muskelgruppen werden vermieden.

In der Stadt können die Tribünenstufen eines Stadions oder die Treppenaufgänge von Hochhäusern (mindestens zehn bis 20 Stockwerke) ideal zum Ausgleichstraining genutzt werden.

Schwimmen kann ebenfalls sehr gut als Ausdauertraining eingesetzt werden, wird doch hierdurch die Arm-, Schulter- und Rückenmuskulatur trainiert. Ratsam ist das Schwimmen bei kontinuierlicher Bewegung über 30 Minuten mit gleichmäßiger Geschwindigkeit. Die kontrollierte Atemsteuerung trägt wesentlich zur Verbesserung der aeroben Ausdauer bei. Speziell das Kraulschwimmen schont die Wirbelsäule; wobei es ratsam erscheint, abwechselnd rechts und links einzuatmen *(Abbildung 126)*.

Bei einer Neigung zu Bluthochdruck muß jedoch vor dieser Ausdauerbelastung gewarnt werden, weil das verbrauchte venöse Blut in kürzester Zeit zum rechten Herzen zurückfließt und hieraus eine Herzüberlastung resultieren kann.

Aqua-Jogging läßt sich optimal im Urlaub gestalten. In einer schönen Landschaft gewinnt man nicht nur Freude, sondern

Abbildung 124 (links): Hohe Gelenkbelastung beim Bergablauf durch ungünstige Wirbelsäulen- und Beckenstellung. Ratsam sind kurze Strecken bei langsamer Geschwindigkeit.
Abbildung 125 (rechts): Wechselweise seitwärts laufen.

Abbildung 125a (links): Serpentinentouren bergauf.
Abbildung 125b (rechts): Rückwärts bergauf.

Abbildung 126 (links): Das Kraulschwimmen empfiehlt sich wegen günstiger Wirbelsäulenbelastung und kann daher zum Ausdauertraining genutzt werden. – Abbildung 127 (rechts): Gelenkentlastung beim Laufen in hüfthohem Wasser. Variable Schrittkombinationen verhindern eine Muskelüberbelastung.

entlastet die Gelenke der unteren Extremitäten und der Wirbelsäule *(Abbildung 127)*.

Beim Laufen in hüfthohem Wasser sorgt der Wasserauftrieb für Entlastung.

Durch den konstanten Wasserwiderstand in der Laufphase kann ähnlich wie beim Berglaufen mit unterschiedlicher Technik vorgegangen werden: Seitwärtslaufen, Rückwärtslaufen, Kniehebelauf.

Auf diese Weise eröffnen sich auch einem Nichtschwimmer neue und attraktive Möglichkeiten beim Umgang mit dem Wasser.

Strandläufer profitieren vom unterschiedlichen Untergrund. Vorsicht ist geboten bei langen Läufen in weichem Sand, weil die Füße regelrecht durchgetreten werden können. Es sollte stets ein stabiler Laufschuh getragen werden *(Abbildung 128)*.

Barfußlauf ist speziell auf Kieswegen ratsam, profitieren doch hiervon alle Fußmuskeln. Zudem wird die Durchblutung gefördert.

Barfußlaufen nach dem Training auf Kiesunterlage über fünf bis zehn Minuten eignet sich optimal zum Auslaufen. Es dient nicht nur dem Aufbau der Fußmuskulatur, sondern löst auch einen Abhärtungseffekt aus *(Abbildung 129)*.

Abbildung 128: Zur Schonung des Fußgewölbes empfiehlt sich beim Laufen im tiefen Sand das Tragen von Turnschuhen.

Abbildung 129: Kontrollierte Barfuß-Läufe auf Kieswegen fördern und trainieren speziell die gesamte Fußmuskulatur.

6

Kapitel 7
Vergrößerung der Schrittlänge durch Intensivstretching

Jeder Verzicht auf die wiederholte und gezielte Ausgleichsdehnung bei hoher Laufleistung bewirkt eine Verkürzung komplexer Muskelgruppen.

Die Sauerstoffunterversorgung der Muskel-Sehnenkette kann direkt in den Leistungsverlust – verbunden mit schmerzhaften Muskelverkürzungen, Zerrungen sowie Rißbildungen – führen.

Die trainingsbedingte Verkürzung der Laufmuskulatur hat aber auch eine Abnahme der Schrittlänge zur Folge.

Spitzenläufer können vielfach den Lohn ihrer Trainingsarbeit nicht ernten, weil sie es versäumt haben, durch die gezielte und wiederholte Dehnung an der Optimierung ihrer Schrittlänge zu arbeiten.

Die Verweildauer des Fußes am Boden während der Abroll- und Abstoßphase ist abhängig von der Elastizität der Wadenmuskulatur und der Achillessehne.

Je länger der Fuß den vollen Bodenkontakt halten kann, um so günstiger fällt das Kraft-Leistungsverhältnis aus, weil die Laufmuskulatur im Verlauf der Unterschenkelbeugeschlinge länger und aus einer günstigeren Hebelposition heraus arbeiten kann.

Eine verkürzte Wadenmuskulatur und Achillessehne wird beim Abrollen des Fußes die Ferse verfrüht vom Boden ab-

106

Verkürzte
Muskel-Sehnenkette

Abbildung 130: Eine verkürzte Wadenmuskulatur und Achilles-sehne heben die Ferse vorzeitig beim Abrollen des Fußes vom Boden ab.

heben, so daß eine optimale Kraftausnutzung in entsprechender Zeit über die steuernde Muskulatur nicht erfolgen kann *(Abbildung 130)*.

Eine deutliche Verbesserung der Laufökonomie wird durch die wiederholte Dehnung der Wadenmuskulatur und der Achillessehne nach der Intensivstretchingmethode erreicht *(Abbildungen 131, 132)*.
Häufig werden beim Laufen die Zehen in Krallenposition gehalten, wodurch der Abrollvorgang weiter eingeschränkt wird. Jeder Läufer ist gut beraten, wenn er durch Dehnung gegen jede Form der Beugestellung der Zehen anarbeitet *(Abbildung 133)*.

Die Schrittlänge wird von der Flexibilität der beuge- und streckseitigen Hüftmuskulatur gesteuert. Die beugeseitige Hüftmuskulatur bestimmt über das Maß ihrer Elastizität den Bewegungsausschlag des Beines nach hinten. Folgende Dehnungspositionen bieten sich an *(Abbildungen 134, 135)*. Der Bewegungsausschlag des Beines nach vorne wird wesentlich gesteuert von der Elastizität der rückwärtigen Oberschenkelmuskulatur *(ischiocrurale M.)* und kann durch Stretching signifikant verbessert werden *(Abbildungen 136, 137)*.

Abbildung 131: Dehnung der Wadenmuskulatur Mitte. Beide Unterarme werden an der Wand abgestützt. Das vordere Bein ist im Kniegelenk gebeugt, das hintere Bein im Kniegelenk gestreckt, die Ferse bleibt am Boden. Die Dehnungsintensität richtet sich nach der Beugeposition des vorderen Kniegelenkes.

Abbildung 132: Dehnung der Achillessehne. Der Schwerpunkt der Dehnung verlagert sich von der Wadenmuskulatur in die Achillessehne, wenn das hintere Kniegelenk gebeugt wird. Dazu stützen sich nur die Hände an der Wand ab, wodurch der Körper aufgerichtet wird; das vordere Kniegelenk ist gebeugt.

Abbildung 133: Dehnung Achillessehne, Fußsohle und Zehenbeuger. Der Schwerpunkt der Dehnung verlagert sich in die Fußsohle, wenn die Beugung im Kniegelenk maximal verstärkt wird und alle Zehen überstreckt werden.

Abbildung 134: Dehnung der Oberschenkelstreckmuskulatur im Einbeinstand. Das maximal im Kniegelenk gebeugte Bein wird mit Handzug vom Fußrücken nach hinten gezogen.

Abbildung 135: Dehnung des Hüft-Lendenmuskels durch maximale Hüftstreckung über Zugverstärkung von Fußrükken.

Abbildung 136: Dehnung der ischiocruralen Muskulatur im Stehen. Das gestreckte Bein wird auf eine Stuhlfläche gelegt. Beugung des geraden Rückens nach vorn durch zusätzliche Abstützung beider Hände auf die Oberschenkel.

7

Abbildung 137: Dehnung der ischiocruralen Muskulatur. Rückenlage im Türrahmen, das nach oben geführte Bein wird maximal im Kniegelenk gestreckt. Die Dehnungsintensität richtet sich nach der Stellung des Beckens im Türrahmen.

Kapitel 8
Gymnastik für Frauen unter Betonung eines gezielten Beckenbodentrainings

Anhaltende Lauf- und Sprungerschütterungen können für Frauen, speziell nach Geburten, Probleme für die Stabilisation des Beckenbodens darstellen.

Ein extremes Lauftraining führt nicht selten zu Organ- und Gewebssenkungen im Urogenitalbereich – eine Erscheinung, die nur allzu gerne verdrängt wird und häufig eine Operation zur Folge hat.

Bei dem Eingriff muß das gelockerte Bindegewebe zum Abstützen der Harnblase gerafft sowie das vordere und hintere Scheidengewölbe plastisch aufgebaut werden.

Jede Läuferin sollte sich dieser Problematik frühzeitig bewußt sein.

Erschütterungsfreies Laufen ist gefordert, und auf optimal gefederte Schuhe ist Wert zu legen. Gewarnt werden muß vor jeder Sprunggymnastik und vor Seilspringen auf harter Unterlage *(Abbildung 138)*.

Ausgleichstrainingsformen zur Verbesserung der aeroben Ausdauer wie zum Beispiel Schwimmen und Fahrradfahren bieten sich an.

Aus sportmedizinischen Gründen bedenklich sind bei Frauen in jedem Fall lange Bergablaufphasen.

Abbildung 138: Seilspringen auf harter Unterlage überfordert den Halteapparat des Beckenbodens sowie Gelenke und Wirbelsäule.

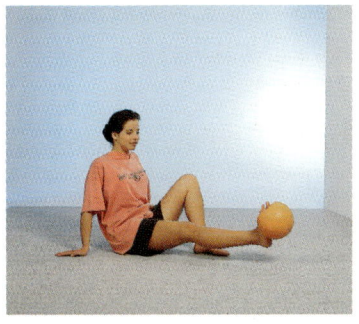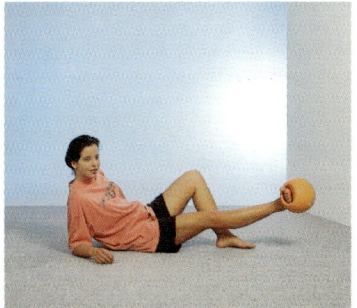

Abbildung 139 (links): Siebenmal im Sitzen das gestreckte Bein mit 1-kg-Fußgewicht unter gleichzeitiger Anspannung des Beckenbodens anheben.
Abbildung 140 (rechts): Siebenmal Heben des gestreckten Beines in 45-Grad-Außenrotationsstellung des Fußes.

Abbildung 141 (links): Siebenmal Heben des gestreckten Beines in Seitenlage. – Abbildung 142 (rechts): Siebenmal Beinstreckung bis kurz unter die Horizontale in Bauchlagerung.

Am muskulären Aufbau des Beckenbodens sind fünf quergestreifte Muskelpaare beteiligt, die einer willkürlichen Steuerung unterliegen. Der hintere Pfeiler wird von der Gesäßmuskelplatte gebildet, so daß bei jedem Beckenbodentraining dem isolierten Aufbau des Treppensteigermuskels größte Aufmerksamkeit gewidmet werden sollte.

Eine permanente Gymnastik mit Betonung der Rumpfmuskulatur und des Beckenbodens ist bei Frauen mindestens dreimal pro Woche zu empfehlen. Jedes Übungsset besteht dabei aus sieben Wiederholungen, und die einzelnen Sets werden durch Stretchingübungen abgeschlossen.

8

Ein gezieltes Bewußtseinstraining (Konzentration auf den Beckenboden) begleitet jede Muskelanspannung bei den einzelnen Wiederholungen von der Anspannung des gesamten Beckenbodens. Somit kann bei einem gezielten Rücken- und Bauchmuskeltraining durch Anspannen des Beckenbodens dieser gefährdete Muskelabschnitt ins Trainingsprogramm mit einbezogen werden.

Das Training der Rumpfmuskulatur wird durch folgende Übungen optimal vervollständigt, wenn die einzelnen Wiederholungen durch gleichzeitiges Anspannen des Beckenbodens begleitet werden *(Abbildungen 139–142)*.
Diese aufbauende Gymnastik kann ergänzt werden durch eine Laufgymnastik auf einem Minitrampolin. Dabei werden zwei Handgewichte (je 1 kg) geführt. Während des rhythmischen Laufens und Schwingens sollte synchron die gesamte Beckenbodenmuskulatur beim Aufsetzen des Fußes angespannt werden. Bei einem 15-Minuten-Laufprogramm können wiederholt in rhythmischer Reihenfolge die Anspannungsphasen des Beckenbodens über eine Minute wiederholt werden, wobei die Anspannungszeit allmählich bis zu zwei und drei Minuten gesteigert wird *(Abbildung 143)*.

Abbildung 143: Laufen auf schwingender Unterlage mit Gelenkentlastung und rhythmischer Anspannung des Beckenbodens.

Kapitel 9
Wogging, Wandern, Berg-Wogging – drei optimale Ausdauersportarten

Viele neue Sportimpulse erreichen uns aus der Neuen Welt, aber nicht alle zeigen eine positive Wirkung. Begrüßenswert ist jedoch der neueste Slogan: Wogging ist »in« – aus sportmedizinischer Sicht ein durchaus begrüßenswerter Aufruf, denn dabei werden hohe Kreislauf- und Gelenkbelastungen vermieden *(Abbildung 144)*.

Abbildung 144: Wogging, eine Kombination aus Laufen und Gehen, gewährleistet eine optimale Gelenkbelastung.

9

Die Vorteile des Woggings

• Im Vergleich zum sportlichen Gehen bleibt der Fuß beim Wogging in ständigem Bodenkontakt und wird rhythmisch über Ferse und Vorfuß abgerollt. Von diesem schonenden Verhalten profitiert speziell die Achillessehne, denn sie erfährt im rhythmischen Wechsel eine wiederholte Dehnung durch das exzentrische Aufladen im Verlauf der Muskel-Sehnenkette am Unterschenkel, und die intensive Vorfußbelastung wird vermieden.

• Die Gewichtsverlagerung von einem Bein auf das andere vollzieht sich schonend. Starke Druck- und Stoßbelastungen entfallen zum Vorteil der Wirbelsäule und Beingelenke.

• Wogging hat gegenüber Jogging den weiteren Vorteil, daß Herz- und Kreislaufbelastungen nicht auftreten. Schon durch die geringere Geschwindigkeit ist es kaum möglich, im sauerstoffarmen Milieu zu trainieren. Beim Wogging kann problemlos eine pulsgesteuerte Belastung erfolgen. Man ist sogar während des Trainings ohne weiteres in der Lage, die Pulsfrequenz am Handgelenk zu bestimmen, was selbst Medizinern beim Jogging nicht immer leichtfällt.

Schnelles Gehen kann auch leicht über die Atmung gesteuert werden. Eine Verbesserung der Lungenleistung wird insbesondere über die Viererschrittatmung ermöglicht – das heißt die Einatmungsphase erfolgt über vier Schritte, die Ausatmungsphase ebenfalls über vier Schritte. Neueste sportmedizinische Untersuchungen haben sogar gezeigt, daß eine Überschreitung des anaeroben Schwellwertes vermieden werden kann, wenn Lauftraining auf diese Art gesteuert wird. Optimal ist die Viererschrittatmung, wenn sie über eine reine Nasenatmung praktiziert wird. Dabei ist darauf zu achten, daß auch die Ausatmung durch die Nase vorgenommen wird, weil hierdurch eine Vorwärmung der Schleimhäute erfolgt, über die dann die kalte Einatmungsluft der Körpertemperatur besser angepaßt werden kann. Diese

Technik bietet sich besonders in den kalten Wintermonaten an und hilft gegen das Entstehen entzündlicher Erkrankungen des Nasen-Rachenraumes. Außerdem kann die Nase ihrer Filterfunktion gegen belastende Schadstoffe aus der Luft besser nachkommen.

Wandern – Herz-Kreislauftraining bei geringer Gelenkbelastung

Wandern ist wie Wogging, nur entsprechend langsamer und leicht mit geringen Pulsbelastungen umzusetzen; die Trainingsintensität bleibt auf einer Höhe von 50 bis 60 Prozent der maximalen Herzfrequenz. Mit diesem Vorgehen kann ein 60jähriger kaum überlastet werden, denn während des Gehens braucht die Pulsfrequenz nur zwischen 80 bis 90 Schlägen je Minute zu wechseln. Bei dieser Intensität greift der Körper zur Energiegewinnung vorwiegend auf Fett zurück, die Kohlenhydrat-Depots werden geschont. Man trainiert in der Fettverbrennungszone, und diese Intensitätsstufe eignet sich optimal zur Reduzierung des erhöhten Körpergewichtes und zum Einstieg in ein gesundheitsförderndes Ausdauertraining.
Mit der langsamen Besserung der allgemeinen Fitneß kann man dann das Tempo kontinuierlich erhöhen und in die nächsten Trainingszonen (Gesundheitszone, Fitneßzone) vorstoßen.

Die Fettverbrennungszone ist in ihrer Wirkung dann intensiv, wenn lange und anhaltend trainiert wird – gefragt sind also Spaziergänge über ein bis zwei Stunden.

Berg-Wogging – zu Fuß bergauf, per Lift bergab

9

Wandern wird zum Sport, wenn es bergauf geht, daher ist es eher richtig, vom Berg-Wogging als vom Berglaufen zu sprechen, denn alle Bergläufer müssen aufgrund der Belastungsintensität als »Laktatkünstler« bewertet werden. Schon bei geringer Laufgeschwindigkeit am Berg ist der Sportler gezwungen, eine Sauerstoffschuld einzugehen, also die anaerobe Grenze zu überschreiten und Laktat (Milchsäure) anzuhäufen.

Was für Jogging und Wogging gilt, muß auch beim Bergwandern und Berglaufen bedacht werden: Die Belastungsintensität richtet sich nach der Puls- oder Atemsteuerung. Die Viererschrittatmung kann auch am Berg umgesetzt werden – das heißt Laufen (Berglaufen), ohne zu schnaufen.

Beim Berglauf ist man gut beraten, den Aufstieg mit eigener Leistung und den Abstieg mit fremder Hilfe (Lift) zu bewältigen. Auf diese Weise schont man Wirbelsäule und Beingelenke.

In der Bergaufstiegsphase wird neben der Entlastung wichtiger Gelenke auch gleichzeitig ein optimales Ausdauertraining zur Herz-Kreislaufstärkung erzielt, wenn die Belastungsintensität durch die Dreier- oder Viererschrittatmung umgesetzt wird.

Interessant ist die Tatsache, daß beim Bergwandern häufig eine überstrapazierte und verkürzte Achillessehne sich gleichsam als Nebenwirkung in wenigen Tagen erholt, wenn in der Bergaufstiegsphase auf ein vollständiges Abrollen des gesamten Fußes über Ferse und Vorfuß geachtet wird. Dieser rhythmische Vorgang wirkt wie intermittierendes Stretching, und der verkürzten Sehne wird wieder vermehrt sauerstoffreiches Blut zugeführt.

Längere Wanderungen talwärts lassen sich im Gebirge nicht ganz vermeiden, weil nicht überall ein Lift zur Verfügung steht.

Greifen Sie dann aber auf die unterstützende Hilfe von Skistöcken zurück – Wirbelsäule und Beingelenke danken es Ihnen.

Über die Verbesserung der optimalen Sauerstoffaufnahmefähigkeit durch Ausdauertraining wird eine allgemeine Leistungssteigerung erreicht. Hiervon profitieren praktisch alle Zelleinheiten des menschlichen Körpers über die Verbesserung der Sauerstoff- und Nährstoffversorgung.

20 Jahre lang jünger bleiben – durch doppelt basiertes Sauerstofftraining

Kombiniert man Ausdauertraining mit der Intensivstretchingmethode, so erfolgt neben einer Steigerung der allgemeinen Sauerstoffaufnahmefähigkeit auch eine lokale Verbesserung des Sauerstofftransportes im Bereich der kraftübertragenden Sehnen, und beide Techniken können unter dem Begriff »doppeltbasiertes Sauerstofftraining« zusammengefaßt werden.

Intensivstretching bewirkt auf Dauer den notwendigen Druckausgleich speziell im überforderten Sehnenanteil, so daß über den arteriellen Druck verstärkt Sauerstoff und Nährstoffe herangeführt werden können. Doppelt basiertes Sauerstofftraining kann die Elastizität der Arterien und der Sehnen bis ins Alter aufrechterhalten.

Die Qualität des Bindegewebes der Arterien und der Sehnen bestimmt im Alter unsere Flexibilität und Mobilität und trägt somit wesentlich zur Aufrechterhaltung von Gesundheit und Fitneß bei.

10

In diesen Entwicklungsprozeß können wir auf zweierlei Art aktiv eingreifen:
• Erhaltung der Flexibilität des gesamten Stütz- und Bewegungsapparates durch die Intensivstretchingmethode.
• Erhaltung der Flexibilität der Arterien zur optimalen Sauerstoffversorgung des Gesamtorganismus über ein permanentes Ausdauertraining.

Das Ausdauertraining muß eine bestimmte Qualität aufweisen, wenn man dadurch den Alterungsvorgang beeinflussen will. Es bleibt wirkungslos, wenn es unterdosiert wird und verursacht auf der anderen Seite Schäden bei jeglicher Übertreibung. Die Menge macht das Gift aus – diese medizinische Weisheit gilt speziell für den Ausdauersport.

Das zeitliche Minimalprogramm eines wirkungsvollen Ausdauertrainings liegt bei dreimal pro Woche 20 bis 30 Minuten, wobei die Wochenfrequenz erhöht und der jeweilige Zeitaufwand auf 60 Minuten erweitert werden kann.
Dabei ist die Steuerung der Intensität der Ausdauerbelastung auf zweierlei Art möglich
• Atemfrequenzsteuerung
• Pulsfrequenzsteuerung.

»Laufen ohne zu schnaufen« – das gilt es näher zu interpretieren. Optimal ist die schon erwähnte Dreier- oder Viererschrittatmung, das heißt die Einatmungsphase wird über drei oder vier Schritte vorgenommen, danach erfolgt die Ausatmung über den gleichen Schrittrhythmus. Das ist ein einfaches und wirksames Verfahren ohne Zusatzausrüstung unter Betonung der Atemsteuerung. Sportmedizinische Untersuchungen belegen, daß auf diese Art die anaerobe Schwelle nicht überschritten werden kann.

Ein günstiger Trainingsreiz entsteht, wenn das Sauerstofftransportsystem maximal aktiviert wird, aber noch keine Milchsäureanhäufung in der Muskulatur stattfindet. Dieser

Bereich wird als aerob/anaerober Übergang bezeichnet. Bei einem Training wird das aerobe Ausdauervermögen optimal trainiert, wenn unterhalb der anaeroben Schwelle (4 mm/Liter) gelaufen wird.

Die exakte Bestimmung der individuellen anaeroben Schwelle kann über den Conconitest erfolgen oder mittels laborchemischer Laktatbestimmungen.

Brandneu ist ein Gerät, das die Schnellbestimmung im Training ermöglicht.

Die Bestimmung des individuellen Leistungspulses

Die Pulsfrequenzsteuerung des Läufers
Für den Durchschnittsläufer kann die Pulsfrequenzsteuerung nach folgender Formel vorgenommen werden: Die erstrebenswerte Pulsfrequenz während der Belastung errechnet sich, indem man von der Zahl 180 sein Lebensalter abzieht. Während des Trainings sollte darauf geachtet werden, daß der Puls kontinuierlich in diesem Bereich gehalten wird.

Die altersabhängige maximale Herzfrequenz, die nach intensiver Laufbelastung über 400 oder 800 Meter bestimmt werden kann, ist keine konstante Größe. Sie nimmt im Lauf des Lebens kontinuierlich ab und läßt sich auch durch Training nicht beeinflussen.

Während ein 20jähriger nach einem 400-m-Lauf noch in der Lage ist, 200 Pulsschläge je Minute zu erreichen, so schafft ein 60jähriger nach dieser Belastungsintensität nur noch 160. Es gibt aber wenig Sinn, einen 60jährigen mit dieser hohen Belastung zu trainieren, weil hierdurch keine gesundheitsfördernde Wirkung auf Herz, Lunge und Kreislauf abgeleitet werden kann. Gefragt ist statt dessen ein kontinuierliches Ausdauertraining, wobei jedoch in reduzierter Intensität zur maximalen Herzfrequenz gelaufen wird, unter gleichzeitiger Berücksichtigung des Alters.

10

Optimale Trainingszonen für die Gesundheit
Ausdauertraining zeichnet sich dann mit einer nachhaltigen Gesundheitsförderung aus, wenn am Anfang mit 50 bis 60 Prozent der maximalen Herzfrequenz und bei entsprechender Leistungsverbesserung in der Folge mit 60 bis 70 und 70 bis 80 Prozent trainiert wird.
Diese für die Gesundheit optimalen Trainingszonen führen zunächst zu einer Verbesserung der peripheren Kreislaufsituation und Durchblutung der Muskulatur sowie im fortgeschrittenen Stadium zu einer Ausweitung der Herzförderleistung mit anschließender Stabilisierung der gesamten Lungenfunktion.

In der niedrigsten Belastungsstufe mit 50 bis 60 Prozent der maximalen Herzfrequenz erfolgt eine betonte Fettverbrennung, die optimal bei einem beschleunigten Stundenspaziergang ermöglicht wird. (Periphere Gesundheitsförderung durch Durchblutungsverbesserung der Muskulatur und Zunahme der Mitochondrien.)

In der nächsten Trainingsstufe bei einer maximalen Herzfrequenz von 60 bis 70 Prozent spricht man von der sogenannten Gesundheitszone – bei dieser leichten Laufintensität erfolgt die Energiegewinnung bereits aus den Kohlehydratvorräten. (Gesundheitsförderung durch Verstärkung des Herzens.)

Die dritte erstrebenswerte Trainingszone liegt zwischen 70 bis 80 Prozent der maximalen Herzfrequenz, und es handelt sich um ein beschleunigtes Lauftempo über Langstrecken, wobei die Energiegewinnung vorwiegend aus den Kohlehydratdepots erfolgt. (Gesundheitsförderung durch Lungenverbesserung.)
Ein Training in der extremen Leistungszone ist dem Leistungssport vorbehalten; trainiert wird hier mit 80 bis 90 oder 90 bis 100 Prozent der maximalen Herzfrequenz bei intensivem oder hohem Lauftempo über Lang- und Mittelstrecken.

Bestimmung des individuellen Leistungspulses über Ausdauertraining zur Gesundheitsförderung in den optimalen drei unteren Trainingszonen

% der maximalen Herzfrequenz

(Uhr)	Ausdauertraining mit Leistungsförderung	hohes Lauftempo über Mittelstrecken	extreme Leistungszone	V — 100% / 90%
		intensives Lauftempo über Langstrecken	intensive Trainingszone	IV — 80%
(Herz)	Ausdauertraining mit Gesundheitsförderung	beschleunigtes Lauftempo über Langstrecken	ausgewogene Trainingszone	III — 70%
		Wogging oder leichter Lauf	Gesundheitszone	II — 60%
		beschleunigter Stunden spaziergang	Fettver brennungszone	I — 50%

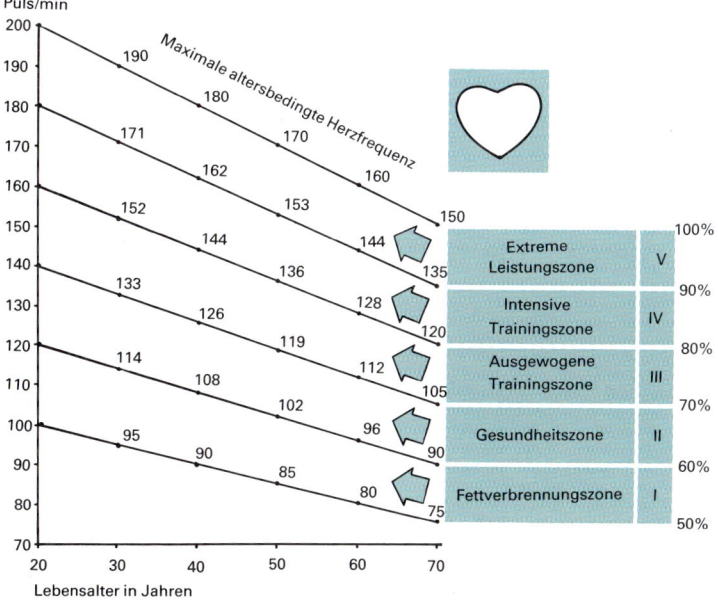

Puls/min

Maximale altersbedingte Herzfrequenz

	Extreme Leistungszone	V	100%
	Intensive Trainingszone	IV	90%
	Ausgewogene Trainingszone	III	80% / 70%
	Gesundheitszone	II	60%
	Fettverbrennungszone	I	50%

Lebensalter in Jahren

10

Ausdauertraining – erlaubt ist, was Ihnen Freude macht

Ein permanentes Ausdauertraining im aeroben Bereich kann durch die Verbesserung der maximalen Sauerstoffaufnahmefähigkeit folgende Gesundheitswirkungen auf den Gesamtorganismus haben:

• Reduzierung von Körpergewicht und Blutdruck.
• Reduzierung des Ruhe- und Belastungspulses.
• Senkung des Blutfettspiegels mit Erhöhung des guten HDL-Wertes und Reduzierung des schlechten LDL-Wertes.
• Abnahme des Arteriosklerose- und Thromboserisikos.
• Positive Beeinflussung Typ II Diabetes mellitus.
• Verbesserung der Sauerstoffversorgung und der maximalen Sauerstoffaufnahmefähigkeit.
• Verbesserung der Herz-Lungenleistung.
• Vorsorge gegen Herzinfarkt und Schlaganfall.
• Vorsorge gegen Osteoporose.
• Optimaler Abbau von Negativstreß.
• Verbesserung der Koordination und Senkung des Unfallrisikos.

Zur Verbesserung der allgemeinen Leistungsfähigkeit muß es nicht immer Jogging sein. Wählen Sie den Ausdauersport, der Ihnen am meisten Freude bereitet, und variieren Sie häufig bei der praktischen Umsetzung.

Eine ideale Kombination sind Belastungsvariationen zwischen Laufen, Fahrradfahren und Schwimmen, weil hierdurch das Stütz- und Bewegungssystem unterschiedlich beansprucht wird.

Im häuslichen Bereich kann Ausdauertraining wirkungsvoll auf einem Standrad, einem Minitrampolin oder Steppgerät praktiziert werden. Die ständige Verfügbarkeit dieser Geräte sichert einen geringstmöglichen Zeitaufwand (ohne Anfahrtsweg etc.), so daß der Negativstreß der täglichen Arbeit noch am Abend umgebaut werden kann.

»Geistiges Jogging«

Von der Verbesserung der maximalen Sauerstoffaufnahmefähigkeit beim Ausdauertraining profitiert auch die Gehirndurchblutung. Die Wirkung eines geistigen Joggings kann verstärkt werden, wenn simultan die Denkleistung durch das Lernen von Liedern und Gedichten erweitert wird. Beim Laufen können dann die gelernten Passagen während des Trainings wiederholt werden. Auch das Einstudieren einer neuen Fremdsprache im Alter kann dem geistigen Jogging dienen. Sie erleben eine Bereicherung Ihres Sprachschatzes und gestalten den Urlaub intensiver und vielseitiger.

Laufen ist in jedem Fall ein Individualsport. In unserer reizüberfluteten Welt mit vielfachem Dauerstreß ist es Balsam für Geist und Seele, während eines Zeitabschnitts am Tag zu schweigen und die »Seele baumeln zu lassen«.

Das Laufen in der Gruppe kann durchaus Gefahren mit sich bringen, wenn ungleich starke Partner miteinander konkurrieren. Beim Laufen in der Gruppe sollte daher darauf geachtet werden, daß stets gleichstarke Partner beieinanderbleiben. Häufige Gefahren beim Volkslauf: die vorderen Läufer sind unterfordert, die hinteren überlasten chronisch das Atem- und Kreislaufsystem.

> **Leben ist Bewegung** und Bewegung ist Leben. Lauftraining optimal dosiert und mit Freude umgesetzt, kann den Menschen grundlegend in Körper und Geist aufbauen und gesund halten.

Ein übergewichtiger 40jähriger, der am Tag 20 Zigaretten raucht, nicht trainiert und Negativstreß durch Bewegung nicht abbauen kann, ist in der Regel einem trainierten 60jährigen in seiner allgemeinen Gesundheit unterlegen.

10

Die Mystiker des Mittelalters träumten von der Vorstellung zur Wiedererlangung von Jugend und Schönheit durch das Eintauchen in das Heilwasser des Jungbrunnens *(Abbildung 145)*.

Abbildung 145: Der Jungbrunnen – menschlicher Traum zur Wiedererlangung von Jugend und Schönheit aus der Sicht des Mittelalters.

Das Heilwasser der Neuzeit wird durch den Schweiß des Ausdauersportlers symbolisiert, denn ein bewußtes Training in ausgewogener Bilanz zwischen Quantität und Qualität schafft die Voraussetzungen dafür, daß ein 40jähriger 20 Jahre lang 40 und ein 60jähriger 20 Jahre lang 60 bleiben kann.

INTENSIV STRETCHING
für Läufer

Zurück zu den natürlichen Körperausdrucksformen:
Sportmedizinische Erkenntnisse machen es dringend
erforderlich, daß insbesondere Läufer permanent auf den
Abbau von Spannungen und den Ausgleich von
Leistungsverkürzungen im Muskulaturverlauf achten.
Durch die gezielte Anwendung der erstmals in diesem
neuen Praxis-Ratgeber Intensivstretching
vorgestellten Übungstechniken für Läufer werden
vor allem jene Gelenkabschnitte besonders wirksam
gedehnt, die nach medizinischer Erfahrung zur Entwicklung
einer vorzeitigen Degeneration neigen.
Die einfache Gestaltung der Intensivstretchingmethode
bei geringem Zeitaufwand ermöglicht eine
ständige Umsetzung während des Sports, in der Freizeit
und in der Arbeit. Kombiniert mit der entsprechenden
Ausgleichsgymnastik sowie einem permanenten Ausdauertraining gewährleistet das Intensivstretching ein
hohes Maß an Fitneß, Elastizität und Gesundheit.
In diesem Zusammenhang wird der
beigefügte praktische Gesundheitsbegleiter dem
Leser eine wertvolle Hilfe
zur Selbsthilfe sein.
Rund 200 Farbabbildungen und grafische
Darstellungen erleichtern das Verständnis.

sportinform

Dr. med. Gerd Schnack

INTENSIV STRETCHING

für Läufer

GESUNDHEITSBEGLEITER

Gesundheitsbegleiter für Sport, Arbeit und Freizeit

Neben seinem Lauftraining sollte jeder Ausdauersportler auch auf eine geschmeidige und elastische Laufmuskulatur hinzuwirken. Die Intensivstretchingmethode verhindert auf einfache Art und zeitsparend schmerzhafte Muskelverspannungen, Zerrungen, Muskel- und Sehnenrisse; daneben nimmt die Leistung zu; Unfälle werden vermieden.
Bei Arbeit, Sport und Freizeit können Sie die Intensivstretchingmethode wiederholt anwenden. Nutzen Sie auch Pausen- und Wartezeiten.

Die tiefe Entspannungshocke

Die tiefe Entspannungshocke nach Vorbild der Naturvölker ist ein Muß für jeden Läufer *(Abbildung 1)*. Sie dient als Flexi-

Abbildung 1: Die wiederholte tiefe Entspannungshocke vermittelt eine optimale Dehnung der Rückenmuskulatur und der Achillessehnen.

1

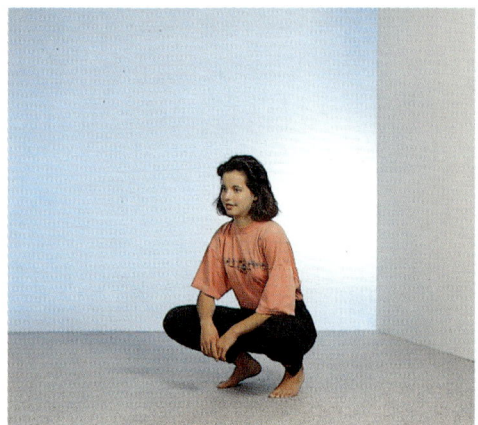

Abbildung 2: Das Anheben der Fersenbeine beweist eine verkürzte Wadenmuskulatur, speziell im Achillessehnenverlauf. Die Außenrotation beider Oberschenkel führt zu einer ungünstigen Kniebelastung mit Schädigung des inneren Meniskus.

bilitätstest für alle Ausdauersportler und beweist in der richtigen Ausführung eine optimale Elastizität der Wadenmuskulatur und Achillessehne sowie der tiefen Rückenmuskulatur. Das Anheben der Fersen beim tiefen Hockversuch oder die Rückverlagerung des Körperschwerpunktes beim Senken der Fersen weisen auf die Verkürzung wichtiger Laufmuskeln am Unterschenkel hin, und es besteht die Gefahr der Entstehung schmerzhafter Zerrungen und Verletzungen *(Abbildung 2)*.

Flexibilität der Achillessehnen

Jeder Läufer ist gut beraten, wenn er die tiefe Entspannungshocke erarbeitet. Über den Zwei- oder Dreistundenrhythmus bei der praktischen Durchführung kann die Flexibilität der Achillessehnen in kurzer Zeit verbessert werden *(Abbildungen 3 – 8)*.
Die Häufigkeit der praktischen Anwendung richtet sich zum einen nach dem Flexibilitätstest und zum anderen nach der Intensität des Trainings. Zeigt der Flexibilitätstest eine verkürzte Muskel-Sehnenkette, so ist der Sportler gut beraten, den Zweistundenrhythmus des Dehnungsausgleiches anzustreben. Nach jedem Training ist auf die gezielte Dehnung der Muskelsehnenkette zu achten.

Abbildung 3: Dehnung der Wadenmuskulatur im mittleren Drittel bei gestrecktem hinteren Kniegelenk.

Abbildung 4: Dehnung der inneren Wadenmuskulatur bei gestrecktem Kniegelenk und 45-Grad-Rotationsstellung des Vorfußes nach innen.

Abbildung 5: Dehnung Außenseite Wadenmuskulatur bei gestrecktem Kniegelenk und 45-Grad-Rotation des Vorfußes nach außen.

Abbildung 6: Dehnung der Achillessehne bei 30 bis 40 Grad Beugepositionsstellung des hinteren Kniegelenkes.

Abbildung 7: Maximale Dehnung der Fußsohle und der Zehenbeuger durch Streckung des oberen Sprunggelenkes und aller Zehen bei Bodenkontakt des Kniegelenkes.

Abbildung 8: Optimale Dehnungsmöglichkeit der Achillessehne auf einem Treppenabsatz durch maximale Senkung der Ferse. Ein kräftiges Schuhsohlenprofil verhindert das Abrutschen von der Stufe.

Dehnung der Laufmuskulatur im Zweistundenrhythmus

Abbildung 9: Dehnung des Hüft-Lendenmuskels »Mister I« (M. ileopsoas) im Liegen. Ein Bein ist im Hüftgelenk gestreckt, die Gegenseite wird über das gebeugte Kniegelenk zur Brust gezogen.

Abbildung 10: Verstärkte Dehnung von »Mister I«. Gleiche Position wie auf Abbildung 9, verstärkte Hüftstreckung über Zug am Fuß.

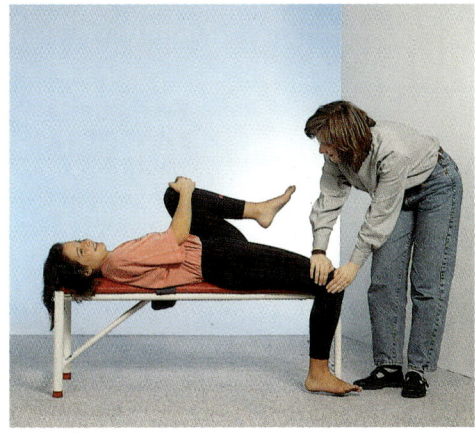

Abbildung 11: Gleiche Position wie auf Abbildung 9, mit zusätzlichem Druck auf den gestreckten Oberschenkel vom Partner.

Abbildung 12: Dehnung von »Mister I« (M. ileopsoas) mit gebeugtem Kniegelenk am Boden. Durch Druck vom Kniegelenk erfolgt zusätzlicher Streckimpuls auf das Hüftgelenk.

Abbildung 13: Dehnung der Adduktoren im Liegen, wobei von beiden Händen ein zusätzlicher Druck von der Innenseite beider Kniegelenke nach außen erfolgt.

Abbildung 14: Dehnung der Adduktoren im Stehen. Das maximal abgespreizte Bein erfährt im Verlauf der Adduktoren einen weiteren Dehnungsimpuls durch eine leichte Kniebeuge im Standbein.

Abbildung 15: Dehnung der ischiocruralen Muskulatur. Rückenlage im Türrahmen, das nach oben geführte Bein wird maximal im Kniegelenk gestreckt. Die Dehnungsintensität richtet sich nach der Stellung des Beckens im Türrahmen.

Abbildung 16: Dehnung der ischiocruralen Muskulatur im Stehen. Das gestreckte Bein wird auf eine Stuhlfläche gelegt, Beugung des geraden Rückens nach vorn durch zusätzliche Abstützung beider Hände auf dem Oberschenkel.

Abbildung 17: Dehnung der Gesäßmuskulatur. Im Sitzen das untere Bein wie abgebildet auf den Boden legen. Den Unterschenkel des anderen Beines über die Streckseite des unteren Oberschenkels führen und wie abgebildet zur Außenseite ziehen.

Abbildung 18: Dehnung Gesäßmuskulatur. Hockposition mit Abstützen der Ellbogen auf einer Sitzfläche. Das übergeschlagene Bein wird auf dem Oberschenkel verankert und durch Druck zur Außenseite eine maximale Dehnung der Gesäßmuskulatur angestrebt.

Abbildung 19: Dehnung der Unterschenkelstreckmuskulatur. Kniende Position am Boden, beide Füße sind maximal gestreckt und erhalten über Abstützen des Gesäßes einen weiteren Streckimpuls.

Abbildung 20: Die Dehnung der Unterschenkel- und Zehenstrecker wird dadurch erhöht, daß ein Bein im Kniegelenk angehoben wird, wodurch speziell ein zusätzlicher Dehnungsimpuls auf die Zehenstrecker ausgelöst wird.

Ausgleichsgymnastik für Läufer

Jeder Läufer ist gut beraten, nach dem Ausdauertraining in der Abkühlphase eine Ausgleichsgymnastik der gesamten Rumpfmuskulatur folgen zu lassen *(Abbildungen 21–34)*. Rückenschmerzen und Bandscheibenschäden machen auch vor einem Jogger nicht halt. Sie können vermieden werden, wenn frühzeitig auf ein gezieltes Ausgleichsprogramm zum Aufbau eines leistungsfähigen »Muskelkorsetts« geachtet wird, zumal davon ausgegangen werden kann, daß die Mehrzahl der Läufer einer sitzenden Tätigkeit nachgeht. Selbst unter der Dusche kann die Intensivstretchingmethode

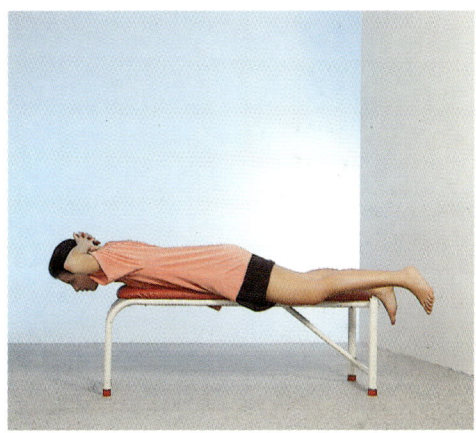

Abbildung 21: In Bauchlage siebenmal Heben des Kopfes aus Beugeposition gegen den Handdruck bis zur Horizontalen – eine Überstreckung des Kopfes in der Halswirbelsäule sollte in jedem Fall vermieden werden.

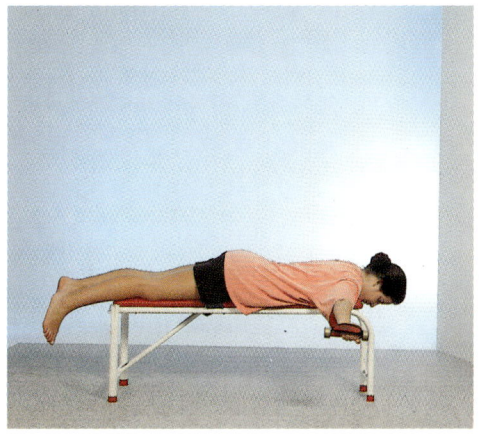

Abbildung 22: In Bauchlage siebenmal Heben der Arme seitlich mit jeweils 2-kg-Handgewichten.

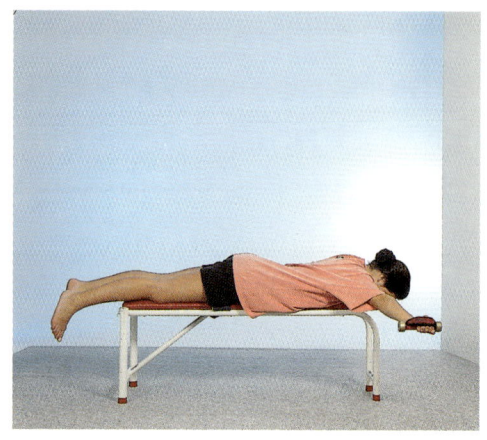

Abbildung 23:
Siebenmal Heben
mit 2-kg-Handge-
wichten 45 Grad
Armstellung nach
oben.

Abbildung 24:
Siebenmal Heben
mit 2-kg-Handge-
wichten in 45 Grad
Armstellung nach
unten.

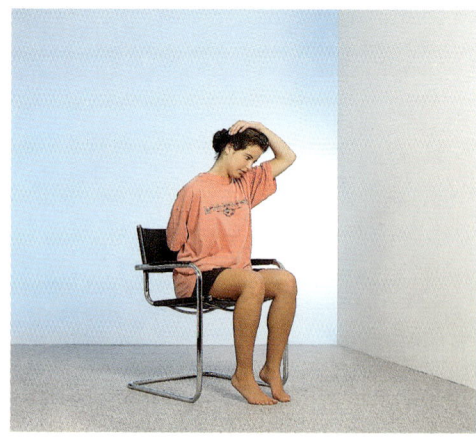

Abbildung 25:
Ausgleichsdehnung
nach der Intensiv-
stretchingmethode.
Im Sitzen wird der
Kopf 45 Grad seit-
wärts nach vorne
gezogen. Die Hand
erzeugt über die
Lehne einen Ge-
genzug. Wiederho-
lung Gegenseite.

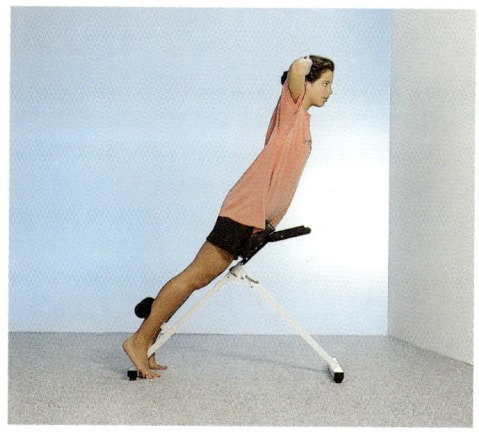

Abbildung 26: Siebenmal Heben des Oberkörpers gerade bis zur Horizontalen, eine Überstreckung über die Horizontale sollte in jedem Fall vermieden werden.

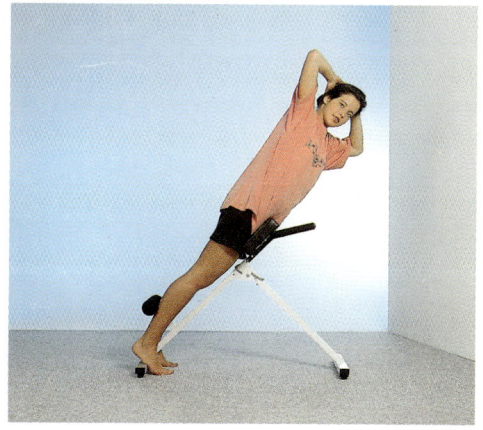

Abbildung 27: Siebenmal schräges Anheben des Oberkörpers bis zur Horizontalen. Wiederholung Gegenseite.

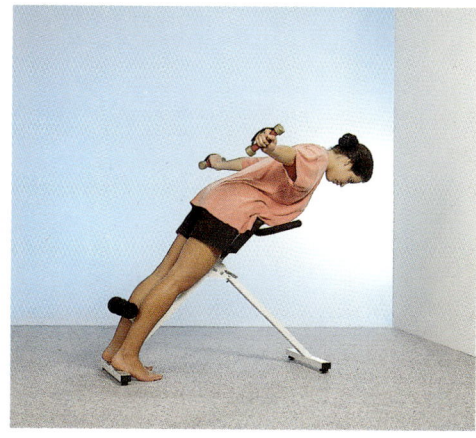

Abbildung 28: Siebenmal Anheben des Oberkörpers mit seitlicher Streckung der Arme mit Handgewichten.

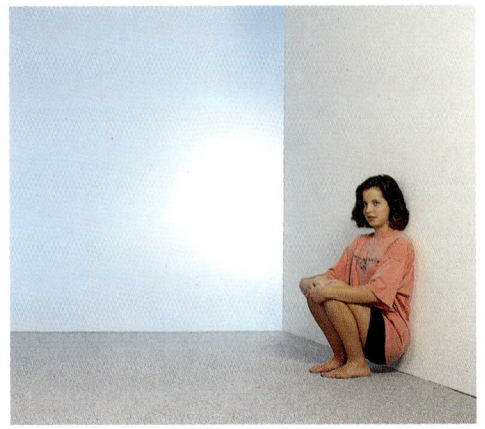

Abbildung 29:
Ausgleichsdehnung
nach der Intensiv-
stretchingmethode.
»Asiatische Hocke«
an der Wand, die
Knie werden zur
Bauchwand gezo-
gen.

Abbildung 30: Freie
»asiatische Hocke«,
dabei können beide
Knie mit den Unter-
armen zur Bauch-
wand gezogen
werden.

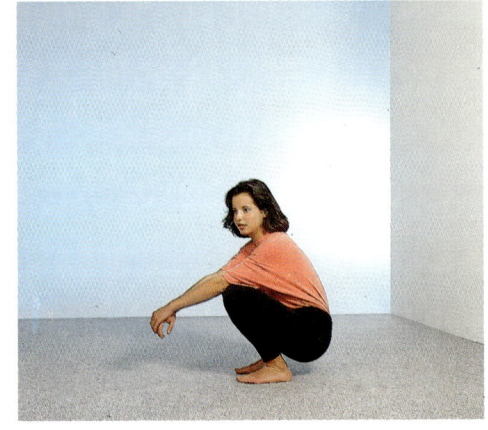

Abbildung 31:
Siebenmal in
Bauchlage Bein-
streckung bis kurz
unter die Horizon-
tale.

Abbildung 32:
Ausgleichsdehnung
nach der Intensiv-
stretchingmethode.
Im Türrahmen wird
ein Bein senkrecht
nach oben gestellt,
die Dehnungsinten-
sität richtet sich
nach der Stellung
des Beckens im
Türrahmen.

Abbildung 33:
Siebenmal in
Rückenlage bei 90
Grad gebeugten
Hüftgelenken
Anheben des Ober-
körpers. Beide
Gewichte werden
von den Schulter-
gelenken gehalten.

Abbildung 34:
Siebenmal schräg
nach rechts und
links Anheben des
Oberkörpers.

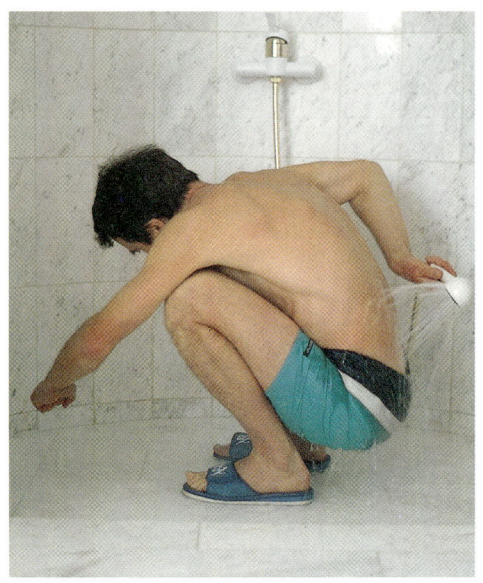

**Abbildung 35:
Dehnung der
Rückenmuskulatur
in tiefer Hocke,
Verstärkung der
Dehnungswirkung
über die direkte
Warmwasserent-
spannung am
Rücken.**

umgesetzt werden. Der entspannende Dehnungseffekt wird noch dadurch verstärkt, daß das warme Wasser direkt über den Duschkopf an der verspannten Rückenmuskulatur zur Wirkung kommen kann *(Abbildung 35)*.

Beim Ausdauersport ist es wichtig, auf einen ausreichenden Schweißtransport der Kleidung am Körper zu achten und jede Form der Unterkühlung von Haut und Muskulatur zu vermeiden. Wolle, Baumwolle und Seide garantieren in der Regel keinen ausreichenden Schweißtransport weg von der Haut, so daß nach körperlicher Belastung schließlich ein naßkalter Lappen am Rücken liegt, der zu einer zusätzlichen Verkürzungswirkung der überforderten Muskulatur beiträgt. Der moderne Sporthandel sorgt für Abhilfe, kann man doch inzwischen eine schweißabsaugende Unterwäsche erwerben, die dafür Sorge trägt, daß Haut und Muskulatur nicht in die schädliche Unterkühlung geraten.

Hochgeschlossene Laufhemden mit Reißverschluß sorgen für einen ausreichenden Kälteschutz im Verlauf der empfindlichen Hals- und Nackenmuskulatur. Bewährt haben sich auch Halstücher für Läufer, die variabel für Nacken und Stirn verwendet werden können *(Abbildungen 36, 37)*.

14

Abbildung 36: Variable Halstuchverwendung beim Laufen schützt speziell vor schädlichem Kälteeinfluß im Bereich der Nackenmuskulatur.

Abbildung 37: Ein entscheidender Vorteil der Intensivstretchingmethode ist die problemlose Umsetzung beim Sport, in
der Freizeit und während der Arbeit.